·共生课程探索与实践丛书·

U0871614

让儿童的游戏回归本真

综合篇

共生课程

刘红喜　主编

SPM 南方出版传媒

全国优秀出版社　全国百佳图书出版单位　广东教育出版社

·广　州·

图书在版编目（CIP）数据

让儿童的游戏回归本真. 综合篇：共生课程／刘红喜主编. —广州：广东教育出版社，2018.11（2020.12重印）
（共生课程探索与实践丛书）
ISBN 978-7-5548-2194-7

Ⅰ.①让… Ⅱ.①刘… Ⅲ.①学前教育—教学研究 Ⅳ.①G612

中国版本图书馆CIP数据核字（2018）第042489号

责任编辑：林检妹 阳 洋 卢颖璇
责任技编：吴华莲
装帧设计：意童文化

RANG ERTONG DE YOUXI HUIGUI BENZHEN · ZONGHE PIAN——GONGSHENG KECHENG
让儿童的游戏回归本真 · 综合篇——共生课程

广东教育出版社出版发行
（广州市环市东路472号12-15楼）
邮政编码：510075
网址：http://www.gjs.cn
广东新华发行集团股份有限公司经销
佛山市华禹彩印有限公司印刷
（佛山市南海区罗村联和工业西二区三路1号之一）
889毫米×1194毫米 12开本 11印张 264 000字
2018年11月第1版 2020年12月第3次印刷
ISBN 978-7-5548-2194-7
定价：35.00元
质量监督电话：020-87613102 邮箱：gjs-quality@nfcb.com.cn
购书咨询电话：020-87615809

编 委 会

主　　编： 刘红喜

编　　委： 陈秋云　孙辉辉　程晓璐

学术指导： 衷敬高　杨　宁

序言 一

深圳实验教育机构幼教中心刘红喜主任主编的“共生课程探索与实践丛书”即将付梓，嘱我作序。无论是作为广东学前教育领域的同行，还是作为幼教中心的学术顾问，我想我都是义不容辞的。

“共生课程探索与实践丛书”正式立项是在2014年，启动至今，在刘红喜主任的带领下，经过园长和教师们近四载的辛勤工作，终于撰写完成，确实可喜可贺！

共生课程的基本理念和实践可以追溯到20世纪80年代末实验教育机构第一所幼儿园——深圳实验学校幼儿部开办以后所形成的园本课程：幼儿园“完整课程”。幼教中心几代幼教人经过30载的不懈努力和探索，经历了从实践到理论，又从理论到实践，再开始新一轮理论指导实践的不断循环。他们不忘初心，砥砺前行，形成了自己的教育理念和办园特色，建构了自己的课程体系，培养了一大批骨干教师和优秀园长，已经成为深圳学前教育一支卓越的中坚力量。

我个人十分推崇共生课程所蕴含的生态学思想——“共生”。“共生”不仅是这套园本课程的主线，更是课程的灵魂。书的作者引经据典，从生态学、文化学、社会学、管理学和哲学角度深入探讨了“共生”的概念，指出“共生是人类之间、自然之间以及人与自然之间形成的一种相互依存、和谐、统一的命运关系”。共生课程就是借鉴生态学的理念，丰富和充实当代幼儿教育的内涵，创立“完整”“绿色”“创新”“和谐”“共享”的教育生态链，呵护儿童的成长，培养“完整的儿童”。应该说，我们的园长有这样的哲学思维和思想高度是非常值得敬佩和推崇的，这不仅为园本课程注入了深刻的内涵，也是幼儿园教师实践智慧的最好佐证。

特别值得一提的是，“共生课程探索与实践丛书”是刘红喜主任和她的团队的教研成果，是他们自己独立策划、撰写的。刘红喜主任除撰写自己的部分书稿外，对全部书稿较大的修改达40余次，可以说她已经不仅仅考虑出书的问题，而是全身心投入幼教中心实践经验提升这样一项事业中去了。

刘红喜主任及她的团队本身就是一个卓越的、共生的“学习共同体”，“共生课程探索与实践丛书”正是这个充满正能量和创意的共生团队集体智慧的结晶，是这个集体长期不懈坚持教研活动的成果。几年来，围绕共生课程撰写的汇报讨论是认真而热烈的，我参加的讨论、修改会议也不下5次，微信与QQ讨论也是经常的事。对我而言，这也是十分难得的学习机会，和刘红喜主任及她的团队讨论可以碰撞出许多有价值的“火花”。同时，刘红喜主任和园长、教师们对幼教事业的执着和热爱也给我带来许多来自教育实践现场的教益和启迪。

华南师范大学　杨宁

2017年10月

序言 二

“共生课程探索与实践丛书”经过长达15年的探索与实践，总结提炼，终于撰写完成。这是一套凝聚了深圳实验教育机构幼教中心刘红喜主任和各幼儿园园长、广大教师们心血的丛书，也是幼教中心在教科研上所取得的又一项重要成果，值得我们庆贺！

长期以来，幼教中心在刘红喜主任的领导下，努力贯彻集团工作意图，始终站在教育改革发展的潮头，做好深圳基础教育“有使命的领跑者”，坚定不移地推进改革创新，以幼教课程为抓手，深入研究，大胆改革，不断创新，使其不断趋向系统科学、完善高效；并以此为引领，促进幼教中心的教师们关注课程建设，关注课程实施，不断提升教育教学质量，在课程观念上始终与时俱进。现在出版的这套丛书，是幼教中心全体教师多年来在课程建设上的经验总结，也是幼教中心坚持以改革促发展、以创新促提升的最新成果。

2002年，幼教中心正式成立之初，就确定了以园本课程——完整课程为抓手，全面推进幼教中心发展的工作思路。幼教中心各园积极组织落实，在加深对完整课程认识的同时，边学习，边实践，边改进，边提升，经过坚持不懈的努力，逐渐形成了富有实验特色的新的园本课程——共生课程。

可以说，共生课程是完整课程的升华，是在完整课程基础上的发展创新，它符合当前幼儿教育发展的新趋势，切合幼教中心提出的“不断深化课程改革，推动学生主动成长”的工作要求，是幼教中心在发展的历程中形成的关于教育的重要认识和实现教育质量提升的关键举措。共生课程的特色实施模式——共享区域活动，提倡幼儿自主选择、主动探索、积累经验、形成认知，强调幼儿在活动中的主体性，引导幼儿从被动的学习者向主动的学习者转变，自主学习、主动探究、善于合作和敢于创新。为此，幼教中心各园教师积极参与研讨，勤于探究实践，持之以恒，历经数载，并逐步发展成一项科研课题。教师团队在研究实践过程中，积累经验，借鉴吸收，改进办法，丰富内容，获得了显著的效果，产生了移植与辐射效应。该科研课题与各学段实施的“分层分类走班教学”、“校本选修课程”和“学生社团课程”互为衔接，相互呼应，形成了深圳实验教育机构从幼儿教育到高中教育一脉相承的课程培养理念，成为深圳实验教育体系、培养模式和办学思想中不可或缺的一个组成部分。

“共生课程探索与实践丛书”的出版是在机构发展和学前教育发展的新形势下，幼教中心全面提升办学实力、推进全面发展取得的重要成果。这一成果，既有实践上的探索与反思，也有理论上的思考与创新，充分体现了“实践—认识—再实践—再认识”的研究轨迹。整个研究思路清晰，方法适当，逻辑严密，表述规范，是一项有意义、有深度的课程创新、教育创新。以一个幼教中心的力量和水平能做出这样的研究，取得这样的成果，实属不易，难能可贵，应该给予充分的肯定和高度的评价。

感谢幼教中心教师团队为完成这个研究成果所付出的努力，他们热爱幼教事业和克服困难、不断探索、琢磨真理的宝贵精神，令人敬佩和感动。我相信，这个研究将会进一步推动深圳实验教育机构各学段课程建设和课程改革的进程；我也相信，这个研究定会受到全国幼儿教育界的重视，为我国幼教事业的发展与进步做出应有的贡献。

深圳实验学校校长　朿敬高

2017年10月

目　录

引子

对共生课程的思考

在《幼儿园教育指导纲要（试行）》（以下简称《纲要》）、《3—6岁儿童学习与发展指南》（以下简称《指南》）等方针、政策支持以及各级领导关怀下，在幼教专家对深圳实验教育机构幼教中心的鼎力支持、专业引导下，幼教中心在学习中成长，在探索中提升，在创新中壮大，规模建设由小到大，内涵发展由弱到强，示范影响由近及远。基于感恩时代、报效祖国，基于自我反思、持续成长，基于改革创新、铸造品牌，我们出版了这套“共生课程探索与实践丛书”。

深圳实验学校是一所集幼儿园、小学以及中学教育为一体的示范性学校，自1985年创办以来，一直把课程改革作为发展教育、办好学校的切入口。深圳实验教育机构幼教中心自2002年成立以来经过多年深入的探索和实践，在完整课程的发展实施以及不断探索幼教中心特色教育的过程中，逐渐生成了幼教中心的创新课程——共生课程。共生课程基于皮亚杰的建构主义理论、维果斯基的最近发展区、杜威的生活教育、陶行知的“教学做合一”、陈鹤琴的“活教育”等教育理论，综合考虑儿童的发展适宜性，着力于解决传统课程结构和内容上的片面性和不合理性问题，以及传统课程对儿童发展适宜性的忽视。通过合理的课程编排，力求为幼儿提供学习与发展上更为完善的教育。为了实现这一目标，我们为幼儿创设适宜的学习环境，通过学科活动、专题探究活动、传统节庆活动、区域游戏活动，以及融入一日生活中的教育有机地结合来实现。

费孝通老先生主张各美其美，美美与共，幼教中心的共生课程推崇这一观点。我们主张每个儿童、每个教师、每所幼儿园都有令他人赞美的特点，要相互欣赏、激励，共同组成和谐家园中美丽、独特的风景。共生课程的国内外教育学、哲学、文学的理论支撑，都是聚焦以人为本。一个人的学习、提升的过程是社会化的过程，必须融入社区、社会的大家庭。对幼儿来说，完整人格的养成离不开群体的映照，幼教中心的共生课程关注所有幼儿的共同生长。除了所有幼儿的和谐共生，还包括幼儿园内幼儿与教师的共同生长，教师与园长、家长的共同生长，园长与幼儿、教职员工、幼儿家长、社区各界人士、关怀呵护幼儿园的所有领导、专家、友人的共同成长。幼教中心当然还要与实验学校共同生长、幼教中心内各园共同生长，共筑中国梦，共同实现教育现代化、网络化、国际化、特色化的美好愿景。

本套书描述其理论特点是彰显“完整”、呈现“绿色”、倡导“创新”、营造“和谐”，其中显著的特点是主张“共享”。共享，是我国“十三五”期间五大发展理念之一。共生课程是共享我们党与政府给予幼儿教育的福利，共享特区幼儿教育改革开放的成果。共生课程体系从追求“完整”到实现“共生”，把握其理论架构的精华，需要关注以下几点：

一是聚焦群体。共生课程从聚焦个体的“完整”到聚焦群体的“共生”。告诉幼儿学会学习的同时，一定要学会合作，学会分享。我们张扬幼儿的自我，发展幼儿的个性，儿童的发展为了将来服务大众。个人的成长，离不开群体的认同。幼儿一个方面的优秀、一个时间段的优秀不是所有方面的优秀。一滴水融进大海里才不会干涸。个体的优秀是精英教育，群体的优秀是普惠教育，我们幼儿教育是基础教育的基础，义务教育的基础阶段，要为义务教育均衡发展提供良好的教育模式。

二是关注过程。共生课程从关注教育的“结果”到更加关注教育的“过程”。当教师在表扬一个幼儿的成长优秀的结果时，一定要思考这名幼儿优秀成长的过程，有没有普遍性。其实，每一位幼儿的成长都是百分之九十九的努力加百分之一的天赋，天才来自勤奋，天道酬勤，过程、方法、途径得当，结果不会不精彩。

三是倡导创新。共生课程从关注传统精神到更加关注创新。大千世界生物的多样性、生态链的丰富性，启迪我们幼儿教育要因材施教，尊重个性，课程研发也要与时俱进，丰富多彩。集团化的办园、办学也不是固化的，有创新性的探索，才有个性化的生长。品质提升，铸造品牌，聚焦课程，我们正在路上。

理论是灰色的，实践之树长青，共生课程的生命持续力，不在于理论的多寡，而在于实践的翔实丰厚。路漫漫其修远兮，吾将上下而求索；立德树人，时光不语，静待花开。

第一章

共生课程的研发背景

第一节　政策的引领及教育思想的启发

一、《3—6岁儿童学习与发展指南》的引领

从幼儿园完整课程到共生课程的建构，我们始终坚持以政策和理论为依据，以《指南》提出的“为幼儿后继学习和终身发展奠定良好素质基础”为目标，以促进幼儿体、智、德、美各方面的协调发展为核心，通过提出3～6岁各年龄段幼儿学习与发展目标和相应的教育建议，帮助幼儿园教师和家长了解3～6岁幼儿学习与发展的基本规律和特点，建立对幼儿发展的合理期望，实施科学的保育和教育，让幼儿度过快乐而有意义的童年。

在建构共生课程的过程中，我们努力贯彻《指南》精神，注意把握以下几个方面：

（一）追求完整，关注幼儿学习与发展的整体性、全面性和综合性

幼儿的发展是一个整体，要注重领域之间、目标之间的相互渗透和整合，促进幼儿身心全面协调发展，而不应片面追求某一方面或几方面的发展。

（二）呵护差异，尊重幼儿发展的个体差异

充分理解和尊重幼儿发展进程中的个体差异，支持和引导他们从原有水平向更高水平发展，按照自身的速度和方式到达《指南》所呈现的发展“阶梯”，切忌用一把“尺子”衡量所有幼儿。

（三）读懂童心，理解幼儿的学习方式和特点

幼儿的学习是以直接经验为基础，在游戏和日常生活中进行的。要珍视游戏和生活的独特价值，创设丰富的教育环境，合理安排一日生活，最大限度地支持和满足幼儿通过直接感知、实际操作和亲身体验获取经验的需要，严禁“拔苗助长”式的超前教育和强化训练。

（四）面向未来，重视幼儿的学习品质

幼儿在活动过程中表现出来的积极态度和良好行为倾向是终身学习与发展所必需的宝贵品质。要充分地尊重和保护幼儿的好奇心和学习兴趣，帮助幼儿逐步养成积极主动、认真专注、不怕困难、敢于探究和尝试、乐于想象和创造等良好学习品质。

（五）共同成长，增强幼儿的社会适应性

幼儿在与成人和同伴交往的过程中，不仅学习如何与人友好相处，也在学习如何看待自己、对待他人，不断发展适应社会生活的能力。良好的社会性发展对幼儿身心健康和其他方面的发展都具有重要影响。家庭、幼儿园和社会应共同努力，为幼儿创设温暖、关爱、平等的家庭和集体生活氛围，建立良好的亲子关系、师幼关系和同伴关系，让幼儿在积极健康的人际关系中获得安全感和信任感，发展自信和自尊，在良好的社会环境及文化的熏

陶中学会遵守规则，形成基本的认同感和归属感。

（六）聚焦健康，为幼儿一生的幸福奠基

科学保教是幼儿教育的核心任务，能为幼儿的终生幸福奠定良好基础。共生课程聚焦健康，包括让幼儿具有发育良好的身体、安定愉快的情绪、强健的体质，具有一定的平衡能力，协调、灵敏的动作，具有一定的力量和耐力，具有初步的生活与卫生习惯，具有基本的生活自理能力，具备基本的安全知识和自我保护能力，等等。幼儿课程是促进幼儿健康成长，呵护生命，共同生存、生长的课程，幼儿园是幼儿健康成长的乐园。

二、国内外教育思想的启发

（一）国内教育家的教育思想

学会生活，立足幼儿的终生幸福，关注幼儿自身体验是建构共生课程的宗旨之一。

陶行知的“生活即教育”的理念，为我们共生课程提供了丰富的理论养料。他要求“教”、“学”同“做”结合起来，同实际的生活活动结合起来，指导学生在实际的活动中学好本领，培养他们的生活能力。

陶行知主张“教学做合一”，这是生活教育理论的教学论。“教学做合一”用陶行知的话说，是生活现象之说明，即教育现象之说明，在生活里，对事说是“做”，对己之长进说是“学”，对人之影响说是“教”，“教学做”只是一种生活之三方面，而不是三个各不相谋的过程。“教学做”是一件事，不是三件事。我们要在“做上教”，在“做上学”。在陶行知看来，“教学做合一”是生活法，也是教育法，它的含义是教的方法根据学的方法，学的方法要根据做的方法。事怎样做便怎样学，怎样学便怎样教。教而不做，不能算是教；学而不做，不能算是学。教与学都以“做”为中心。由此他特别强调要亲自在“做”的活动中获得知识。

陈鹤琴也提出了活教育理论，重视科学实验，主张中国儿童教育的发展要适合国情，符合儿童身心发展规律。陈鹤琴总结概括了幼儿共同存在的八个方面的心理特点和三个学习过程的特点。八个方面的心理特点是：好动、好模仿、好奇、好游戏、喜欢合群、喜欢野外生活、喜欢成功和称赞。三个学习过程的特点：第一个是感觉，第二个是联念，第三个是动作。他认为只有根据这些心理特点和学习过程的特点进行教育，才能教好幼儿。

陈鹤琴认为课程教材以大自然、大社会为中心，孩子的知识来自直接经验。书本知识是间接经验，不易为孩子所理解，首先要教孩子真的、活的东西，让孩子对事物有正确的印象。大自然、大社会又是孩子天天接触的，应以此为活教材。

创建与实施共生课程，让幼儿学会共同生活，陶行知和陈鹤琴的教育理念为我们研究课程的内容、实施途径，提供了有力的支撑。

（二）国外教育家的教育思想

杜威认为“教育即生活”，提出“从做中学”。他的教育思想以实用主义哲学为基础，他在《民主主义与教育》一书中认为人们应当“从做事里面求学问”，强调孩子应在做的过程中发现和发展自己，应该对“一切操纵、建造、积极的行动和制作的冲动给予运用和满足的机会”。他把人类视为自然界的一部分，认为有机体是对环境的适应，个体也是通过参加活动而得以发展的。杜威认为：“教育最根本的基础在于孩子的活动能力，使孩子认识到他的社会遗产的唯一方法就是去实践。”在这里可以看出，杜威“从做中学”强调的是要以孩子的现实生活为依附，即从孩子的现实生活出发。正如杜威所指出的那样“学校相互联系的枢纽不是科学，不是文学，而是孩子本身的社会活动，这样的社会活动就是‘从做中学’”。

发展适宜性课程是美国早教协会（NAEYC）在1996年颁布的《适应于0～8岁儿童早教项目中的发展适宜性方案》（以下简称《方案》）中的一部分。此方案具有针对性，指出了当时美国幼儿课程建构、实施中的适宜行为与不适宜行为。

发展适宜性课程作为一个具有生成空间的课程框架，有其特殊优点：

* 发展适宜性课程是一种综合性课程，并在课程实施过程中尝试进行混龄教育。这一课程考虑到了儿童个体的整体发展，要求教师了解儿童的兴趣特点、发展能力以及儿童生活与学习相互影响的生态关系，设计的各种相关的活动要有机地渗透到课程的各个方面。幼儿园的主要课程内容来源于不同学科，再通过主题、方案等各种形式得以整合，而使各个学科相通。

* 基于美国社会文化多元的特点，发展适宜性课程倡导一种多元文化教育。从事儿童教育的教师要尽量保证所使用的教具能反映多元文化的要求，以使儿童能以谦恭的态度接受和欣赏差异性和相似性。在组织各种教学活动的时候，以尊重幼儿的个体差异为前提，为儿童学习如何关心他人提供尽可能多的机会，以使儿童认识到人与人之间的相互关系对学习和发展的支持性作用。

* 发展适宜性课程是一种具有前瞻性的、操作性强的课程。课程目标立足于一定年龄段儿童的发展现状，而面向儿童未来的发展。课程的内容设计从儿童长远目标出发，注重儿童已有经验的迁移，鼓励儿童直接参与活动，重视探索技能和理解能力，使其在社会性、认知、情感、生理机制等方面为一个作为民主社会的健全的人的发展做好准备。

人的差异性与世界文化的多元性是相同的，幼儿是未来国际大都市的建设者，发展适宜性课程的观点为幼儿种下了国际视野的种子。因而，让幼儿在做中学、乐中学、玩中学，创建适宜幼儿健康成长、幸福共生的课程，指导着我们课程改革的方向。

还有皮亚杰、赞可夫和蒙台梭利等许多学者的幼儿教育观、幼儿课程观和实践经验等，都对我们的课程研究起到了启发、引导的作用，促使我们不断完善共生课程的理论框架，引领我们的课程实施。

第二节　共生课程的形成与思考

幼教中心自成立以来，认真践行《纲要》和《指南》的各项精神，努力贯彻学校有关课程改革的举措，继承和发扬深圳实验学校幼儿部（深圳实验学校于1988年开办的第一所幼儿园，于2007年公办园改制后，划归国资委的投资控股管理中心）的园本课程——幼儿园完整课程，边学习，边实践，边思考，边改进，经过坚持不懈地努力，逐渐生成了自己的园本课程——共生课程。

一、从幼儿园完整课程到共生课程

（一）形成幼儿园完整课程（1989—2001年）

我们的第一所幼儿园——深圳实验学校幼儿部自开办以来就稳步推进课程改革和研究，并初步形成完整课程研究的思路，对完整课程理论框架与组织实施进行了具体的实践研究，通过“实践一认知一再实践”的反复钻研，最终形成了较为系统、完善的园本课程——幼儿园完整课程，并于2000年出版了《幼儿园“完整”课程研究》。

（二）生成共生课程（2002—2018年）

2002年深圳实验教育机构幼教中心正式成立，我们进一步加深了对幼儿园完整课程的认识，在此基础上生成了共生课程，并经历了以下阶段：

第一阶段：从理论到实践的研究（2002—2008年）

在这个阶段，我们的研究重点是以幼儿园完整课程为基础，对课程的目标、内容积极地进行实践研究，并不断丰富课程的组织与实施，依据《纲要》精神开展“学科领域活动”“科技专题活动”“区角活动”等单项研究；2007年申报参加 “十一五”国家规划课题“科技教育研究”，成为“深圳市幼儿科技教育研究”的核心单位；并编写了《幼儿园科技专题活动集》。

第二阶段：创新课程实践研究特色（2009—2011年）

此时幼教机构一体化管理和发展格局已然形成，各项工作走向成熟。我们借鉴高瞻课程、多元智能和发展适宜性研究等教育思想和理念，完善园本课程的理论框架，把“幼儿生活习惯及自理能力的养成教育”作为幼儿阶段教育工作的核心，将“生活即课程”的教育理念贯穿到教育实践中；加大教科研工作力度，扎实、细致、有效地开展区域活动的研究，在对区域活动的认识上形成了自己的独特做法和主张，逐步整理并形成了《幼教中心幼儿养成教育细则》和《生活区、角色游戏区、装扮区等区角活动指引》等经验集；积极推进各项国家级、省级和市级专题研究，主持或承担多项课题研究。

第三阶段：生成共生课程新架构（2012—2017年）

2012年教育部颁布《指南》后，我们认真地落实《指南》精神，开始园本课程的修订工作，对课程理念、课程目标、实施途径、效果评价做进一步梳理、完善和创新，生成共生课程框架体系；在“养成教育”专题研究的基础上，深化幼儿一日生活各环节的研究；深入开展“共享区域游戏活动”研究，提炼、总结和推广研究经验，“共享区域游戏活动”成为我们标志性的特色教育活动，形成了一定的知名度和影响力；在共享的基础上共生，在共生理念引领下践行，进一步梳理园本课程，筛选经验成果，编撰“共生课程探索与实践丛书”，完成了丛书共十个分册的编撰工作。

第四阶段：推进从理论到实践的研究（2018年—未来）

“共生课程探索与实践丛书”的出版，为我们推进新一轮“从理论到实践”的课程改革研究奠定了基础，我们将围绕共生课程开展实践研究，推进新一轮从理论到实践的研究工作，通过研究提升教师队伍专业化程度；我们提出打造“深圳市首批示范性幼儿园”的目标，围着这一目标深入开展课程实践研究。

从完整课程到共生课程，我们一路走来，理念引领，实验践行，以点带面，逐步提升；师幼在探索中“完整”成长，集团办园共享资源，共荣共生，创新发展。我们的特色逐步呈现，品牌正在形成。

从实践上升到第一轮理论（形成了实验完整课程）⟶从第一轮理论到第二轮实践⟶再从第二轮实践上升到第二轮理论（生成了实验共生课程）⟶从第二轮理论再到第三轮实践（探索了实验共生课程）⟶……在不断循环往复中，课程研究呈螺旋式上升，这是我们对课程改革和研究的追求。我们的课程研究一直在路上，未来也必然一直在路上。

二、对课程发展的信念与坚持

从幼儿园完整课程到共生课程，我们始终相信：幼儿期是人生中有独特价值的生活阶段，幼儿教育的目的不在于教懂、教会幼儿多少知识，教学并不是教教材；我们应“完整”地认识幼儿教育，应给幼儿以“完整”的教育，应通过完整课程培养“完整的幼儿”；应通过共生课程启蒙幼儿，感受到人与自然和谐共存，人与人共同生活、共同成长，才能组成薪火传承的人类社会。

给幼儿以“完整”的教育应包含以下几个要素：健康的身体；尊老爱幼、亲近同伴的亲社会行为；感知、观察周围的人、事、物的热情；友好合作和竞争的意识；尝试、探索、发现的心理需求；操作简单的生活用具的能力。而一个“完整的幼儿”应该是一个能独立发展和持续发展的个体，一个全面发展和谐平衡的幼儿，其中全面发展是指其身体的、认知的、情感的、社会的和道德的整合性发展。

我们始终坚持，课程的总目标旨在根据以人为本的教育思想，从全面落实幼儿素质教育的任务出发，培养幼儿的自我意识，鼓励幼儿主动尝试、探索、活动，开发幼儿潜能，给幼儿以“完整”的教育，为幼儿身心的和谐发展和健全的人格养成打基础、做准备。

我们坚信：个体的“完整”要完整地融入“共生”的群体，完整是共生的基础，共生是完整的升华，立足于每一个幼儿的完整，不让一名幼儿掉队，这就是由完整课程到共生课程的初衷。

而我们的课程正是从上述种种方面出发，综合幼儿教育的各个领域和各类学科的内容，以创设共享的教育环境和开展教育活动为载体来给幼儿施加“完整教育”和“共生教育”，而共生课程研究的终极目的则正是为了每一位幼儿更加“全面地发展”以及“完整”地成长。

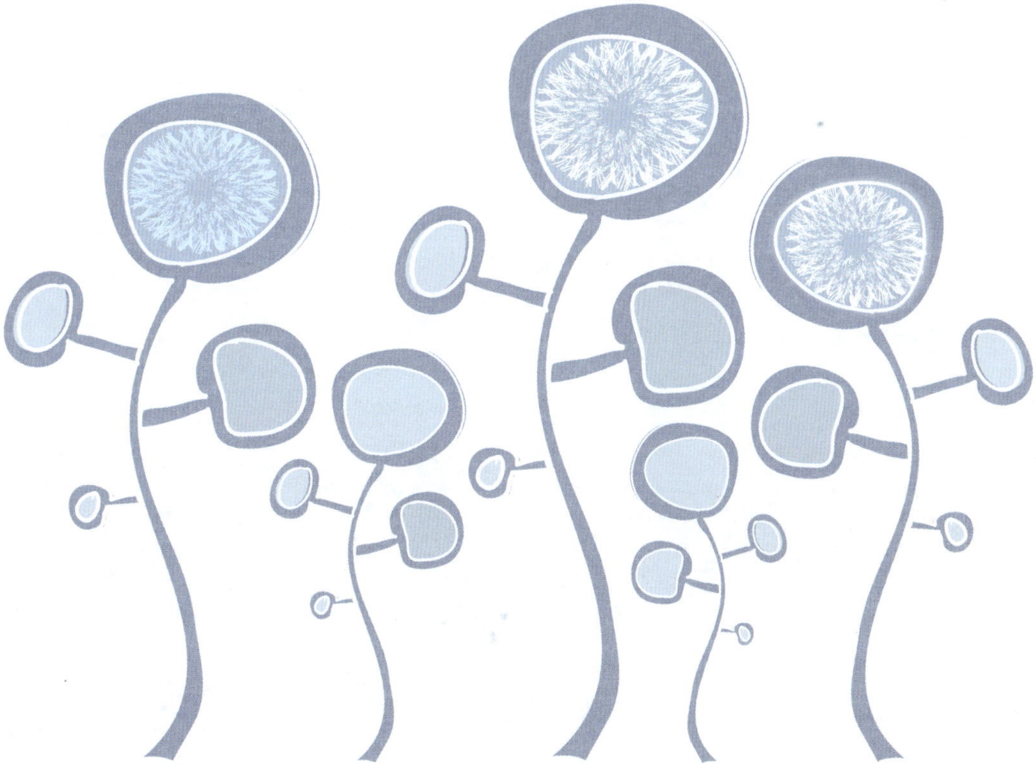

第二章

共生课程的基本思想

第一节　课程的思想基础及概念界定

一、哲学基础与学科渊源

（一）文字学的含义：呵护儿童

谈共生课程，首先，了解一下汉字“共生”的本源意义。“共”字在汉字生成初期的甲骨文中是双手捧住，意为：双手共同努力地托起一个东西，非常珍视，非常神圣，非常重要，至今“拱手”还有“共”的含义。现在的“供”还保留了“共”字的原意，是非常虔诚，崇敬、供奉的意思。其次，是“生”，在甲骨文中写作“”，底下“”代表了大地，“”字是指土里冒出的小芽，非常形象，指新生的东西，代表了新的生命。我们建构共生课程就是呵护幼儿的成长 。

（二）生态学的观点：一起成长

“共生”一词的含义源自生态学。共生是一种普遍存在的生物现象，是指一个物体和另一个物体相互依赖。自然界有这样一种现象：当一株植物单独生长时，显得矮小、单调，而与众多同类植物一起生长时，则根深叶茂，生机盎然。人们把植物界中这种相互影响、相互促进的现象，称之为“共生效应”。

在生态学中，“共生”指两个不同有机体之间有益的至少是无害的相互关系。此后，科学家在许多植物、动物中发现了广泛存在的共生现象。共生作为一个普遍的生态现象和生物学中的一个重要概念，其内涵的丰富与价值的延展已从生物学延伸到更广泛的研究领域，人类的共生状态是同人类的自我意识不可分的，即共生是人自我需要的产物，是自求的结果。“我们在一起”是世界和平的宗旨，是和谐社会的最强音，从幼儿开始倡导“共生”，一起成长尤为重要。而创建绿色生态，也需要共生课程的支撑。

（三）中华传统文化的精华：和谐共生

注重万物和谐、天人合一是贯穿中华民族传统文化的一个基本精神。西周末年的使伯就已经认识到，由不同元素相配合，才能使矛盾均衡统一，收到和谐的效果。《中庸》说：“万物并育而不相害，道并行而不相悖。小德川流，大德敦化，此天地之所以为大也。”《西铭》：“乾称父，坤称母；予兹藐焉，乃混然中处。故天地之塞，吾其体；天地之帅，吾其性。民，吾同胞；物，吾与也。”其意为天地犹如父母，人与万物都是天地所生，都是由气所构成，气的本性也就是人和万物的本性。人民都是我的同胞兄弟，万物都是我的朋友。这种观点肯定了人是自然的一部分，人与自然统一于物质性的气，是十分深刻的自然与人文共生的思想。

简而言之，中国传统文化中蕴含着丰富的共生思想，主要体现在三方面：“以和为贵”的和谐共生价值论；“和而不同”的多元互动共生原则；以“天人合一”的自然共生观，“仁者爱人”的社会共生观，“修身养性”

的身心共生观为主要内容的人的共生性关系内涵。

中华文化博大精深，中华儿女挺起民族的脊梁走向世界，幼儿教育孕育祖国的未来，传承中华文化精髓，和谐共生，应当从幼儿抓起。

（四）社会学和管理学的延伸：共生效应

当下，科技发达，飞机、潜水艇、电子蛙眼、探路仪等许多产品原理都是模仿自然物创造的，自然界是人类的教师。从严格意义来讲，人类许多创新产品都是人类与自然生物共生的结果。

在经济领域，“共生效应”是指企业所有成员通过某种互利机制，有机组合在一起，共同生存发展。“共生”是一种普遍存在的现象，既存在于自然界中也存在于社会生活中。人类的劳动生产过程与配套性的企业之间都存在明显的共生关系，而且它们都有共同的特征，即共生系统中的任一成员都因这个系统而获得比单独生存更多的利益，即有“1+1>2”的共生效益。

共生是人类之间、自然之间以及人与自然之间形成的一种相互依存、和谐、统一的命运关系。在共生的生态系统中，个体的发展不是孤立的，而总是在与他人相互作用的关系中实现的。正如马克思所说：“一个人的发展取决于他直接或间接进行交往的其他人的发展。”所以说，“共生”是一种关系性生存与发展方式。

从人和环境的和谐共生，到人与人之间的友好相处，都生成共生效应。现在的幼儿，是未来社会的创业者、管理者，必定是共生效应的维护者与拓展者。

（五）共生教育理念的哲学基础：共生主义

共生的哲学是一种关系的思维方式，不但承认“自我”，还要肯定“他者”的价值，以及“自我”与“他者”之间不容忽视的相互依存关系，即“自我”或“自我”所在的群体，与周围的一切生命或非生命存在，以及与之建立的关系联结，在接纳异者、相互碰撞、相互共容、共同生长中形成一个互利、平衡、发展的整体。共生哲学是当代教育文化范式的重要基础。历史上，形成了人类与自然之间、多种文化之间和谐相处的自然生态与文化生态，教育活动延续与维持着自然基因与文化基因的复制及其功能的发挥。因此，对于自然与人文共生的教育文化范式的梳理和界定，以教育为转化机制，在分析自然与人文资源的基础上重设教育的功能定位，以消除在当前时代需求环境中教育价值观和教育实践导向所出现的偏差。自然与人文共生教育是凸显共生教育内涵的更具体化的表达。它将确立自然、人与文化三者之间的共生关系，并将教育作为转化自然与人文资源可持续利用的机制。自然与人文共生的理念通过教育的转化体现其重要意义，即“教育应当立足于区域独特的人文生态与得天独厚的自然环境，着眼于构建自然和人文良性互动的系统”，这就是共生系统。

我们着眼于培养未来的建设者与接班人，培养具有健全人格的、全面发展的“完整儿童”，共生课程为幼儿从小形成真善美的世界观，为终身幸福和发展提供了充分的养料。

二、概念界定

从完整课程到共生课程我们始终坚持的园本课程是以每一位儿童发展为本，共同生活、共同适应和共同成长的课程。

（一）以儿童发展为根本

我们以儿童发展为本，儿童第一、儿童优先、儿童为本。主张理念与实践并重，尊重儿童身心发展规律，幼儿园的学习资源、设施材料为儿童而存在，一切规划、方案、活动项目为儿童而设计。因此，我们的课程是儿童喜爱的、科学适宜的课程。

幼儿跳竹竿活动

幼儿正在玩水

幼儿进行“取钱”活动

（二）以生活为中心

共生课程的内容及实施途径“以生活为中心”，从班级教室走向户外，走向社区，走向大自然，走向世界。我们主张内容与形式并重，贴近幼儿生活，激发幼儿兴趣。我们营造温馨的家文化，创新共享区域环境，探索“教育即生活、学习即生活、课程即生活”。这里的生活，不仅仅关注幼儿的个体生活，还关注小组幼儿、全班幼儿、年级幼儿、全园幼儿共同的整体生活，是为全园所有幼儿打造的生活课程。

生活馆场景

（三）以共同成长为目标

我们期望每位幼儿都有所进步、有所成长、有所收获，我们主张过程与结果并重，课程精心设计，细心实施。既推进公平，又承认差异。我们鼓励幼儿个性化发展，更主张团队合作，共同发展。共生课程不仅指幼儿之间一起成长，而且涵盖师幼之间一起成长，幼教中心各园之间一起成长，幼儿园与家长、社区一起成长，幼儿教育与小学教育一起成长，为幼儿创设全方位的共同成长课程。共生课程是共享课程、绿色课程，是呈现群体和谐与个体特色的课程。

第二节　课程的主要特征

2015年10月，中共十八届五中全会发布了“十三五”规划，提出五大发展理念：创新、协调、绿色、开放和共享，坚持创新发展、协调发展、绿色发展、开放发展和共享发展。我们共生课程的实践观念与这五个理念高度吻合。共生课程就是借鉴生态学的理念，充实教育学内涵，丰富现代幼儿课程实践，努力打造共同生活的共生课程，呈现“完整”“绿色”“创新”“和谐”“共享”等特征。为此，我们一直在探索。

一、彰显“完整”

共生课程是生活的课程，探索生活教育，立足“完整”，具有整体性、系统性、目的性、开放性、有序性、组织性的特征。

* 快乐生活。立足完整的童趣生活。杜绝成人化、小学化的知识传承，聚焦幼儿生活成长的鲜活要素，让幼儿玩起来、做起来、动起来和乐起来，告别传统的灌输式教育模式，还幼儿一个快乐的生活。

* 携手共进。创建完整的群体生活。引导幼儿知道和同伴友好相处、合作学习、共同成长的意义。

* 全面发展。广泛地培养幼儿的生活和学习兴趣。鼓励幼儿在某些方面要有自己的风格和特征，更主张顺应幼儿年龄特点的全面教育，强化核心素养，全面发展。

二、呈现“绿色”

共生课程是生命的课程，促进人的现代化，探索人性教育，呈现“绿色”。依据绿色环保教育、生命教育、安全教育等观点开发一系列园本课程。

* 健康成长。主张幼儿、教师共同成长，有积极、阳光、健康的心态，充满正能量。

* 呵护绿色。人有生命，花草虫鱼都有生命，引导幼儿保护环境，做“绿色小达人”。

* 珍爱生命。引导幼儿身心健康，充满阳光；爱惜生命，学会自我保护，初步懂得强身健体的重要性。

三、倡导“创新”

课程乃至所有幼儿课程没有固化的、一成不变的模式，共生课程是生成的课程，促进人的国际化，探索创新教育，追求“创新”。创新增添活力，创新才能立足本土，走向世界。

* 开放办园。集思广益，吸纳国内外先进幼儿教育理念与模式。尤其主张创新课程、创意活动，教师创造性工作。

* 立足幼儿。共生园本课程与所有活动皆指向萌发与培养幼儿的动手能力与探索精神。

* 继承创新。回顾我们走过的路，积累了许多宝贵的经验；从完整课程到共生课程是一个继承与提升相结合的过程；面向未来，还要更适宜地借鉴与学习百家模式。创新，我们在路上。

四、营造“和谐”

共生课程是生态的课程，促进人的社会化，探索生态教育，打造“和谐”。我们认为幼儿个体与群体，人与自然，幼儿园与社会以及幼儿园自身内部各要素之间，必须友善共处，多元包容、自然地协调各种关系。共生不仅是课程文化的美好愿景，也是构建和谐社会的核心理念。共生不是追求一个幼儿、一所幼儿园的卓越发展，而是群体生态链的和谐共生。

* 室内环境与室外环境的有效融合。
* 文字信息与活动材料的相辅相成。
* 每一个幼儿与群体的和谐共生。
* 个体园与幼教中心的和谐共进。
* 幼儿教育与小学教育的有效衔接。
* 幼儿园与社区的教育资源共享。

五、主张“共享”

共生课程、共享区域活动、集团化发展、成长共同体建设，共生、共享、共同成长，“共”字是我们幼教中心的神采，也是我们课程创建的灵魂。一点春色，只有融入万树繁花，才是春天，“完整”“绿色”“创新”“和谐”的概念都离不开“共享”。

* 一位幼儿、教师的成长感悟，幼儿园全体师幼共享。
* 幼教中心每一所所属幼儿园的发展亮点，幼教中心各园共享。
* 回馈社会、报效祖国，我们幼教中心幼儿园共生课程的理念与探索，虽然还显稚嫩，但愿意与同行共享。
* 为了呵护与引领幼儿的幸福成长，我们期盼这本书的每一位读者，为共生课程奉献智慧、快乐与我们共享。

综上所述，我们的共生课程探索以幼儿成长为根本，以完整课程为基础，以家庭社区、自然生态课程为两翼，以国际视野高瞻未来课程为导向，积极打造为幼儿一生幸福奠基的课程，努力启示幼儿从小做一个自然走向社会的人、融入群体的人、引领未来的人，逐步成为一名全面发展的人、持续发展的人、创新发展的人。

第三章

共生课程的目标、内容及评价

幼教中心在落实《纲要》《指南》精神、传承幼儿园完整课程精神的过程中，对课程的目标、内容、实施以及评价，不断完善、调整、创新，使得课程保持鲜活的生命，体现与时俱进的理念，以满足时代发展的需要。在研究过程中，逐渐建构出了共生课程的课程体系。

共生课程架构图如下:

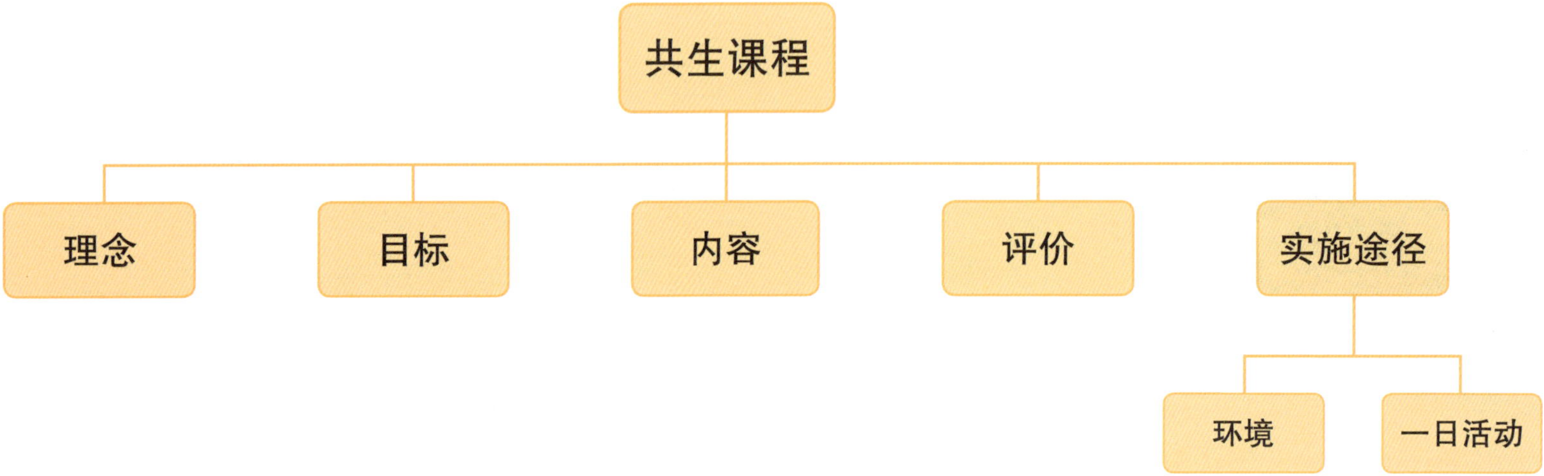

第一节 关于共生课程的目标

一、目标的整合性和“有所为，有所不为”的思想

《指南》指出“关注幼儿学习与发展的整体性。儿童的发展是一个整体，要注重领域之间、目标之间的相互渗透和整合，促进幼儿身心全面协调发展，而不应片面地追求某一方面或几方面的发展”。我们传承幼儿园完整课程对目标的认识，认为幼儿发展目标应是幼儿园一切活动的方向与归宿。一个好的课程模式，它的教学内容、活动形式应是以实践幼儿园的整体办园目标，促进每一个幼儿在原有发展水平上得到充分的发展而设计的。我们从优化课程结构出发，努力摆脱课程编制既要考虑各领域、各学科的目标，又要落实各自的特色，而使得目标出现过细、过杂的现象。将课程的各领域、各学科目标加以糅合，进行整合性编排，使得各个部分形成一个合乎规律的有机整体，这种“统整”使得课程目标在操作上更加简便。

人们常说“有心栽花花不开，无心插柳柳成荫”“无为而治”，体现在教育目标上就是“有所为，有所不为”的策略。由于幼儿教育是人一生中的启蒙阶段，幼儿阶段学的东西是非常浅显而又有限的，幼儿的接受能力和学习的持久性也是较弱的，考虑到幼儿的可接受性，共生课程把课程目标从“整合”的角度去考虑，采取“有所为，有所不为”的策略，即：对某一个教育目标、日常活动目标尽力而为、量力而行，但也不强求，要有所不为。

《指南》的说明部分中也谈到“目标部分分别对3～4岁、4～5岁和5～6岁三个年龄段幼儿应该知道什么、能做什么，大致可以达到什么发展水平提出了合理期望”，这个“合理期望”我们也可以把它理解为，在目标落实的过程中的一种“有所为，有所不为”的思想。我们认为，幼儿是作为一个完整的个体在群体中存在和发展的，每个教育活动除了会促进某方面的学习与发展，还会促进幼儿整体的发展。从幼儿期教育的全部过程看，要促进幼儿“共同生活、共同适应、共同成长”，要有所为；但是从幼儿各个年龄发展阶段看又不能过分地追求目标的达成，要有所不为。因此，我们要始终注意克服“急功近利、急于求成”的思想，追求“时光不语、静待花开”的教育境界。

结合幼教中心各园办园实际，考虑现阶段幼儿身心发展的规律、特征，不能让幼儿过度饥饿，也不能营养过剩，因园而异、因人而异、因时而异，“有所为，有所不为”，聚焦现实，整合选择，继承创新，与时俱进。

二、共生课程的目标构建

（一）目标框架

我们认为一个课程要完成其目标，既要了解幼儿学习和发展的规律、需要和可能，也要研究教师制订什么样的课程目标去促进幼儿的学习和发展，以及根据课程目标制订操作性更强的活动目标，为选择课程内容及实施途径起到导向作用。因此，共生课程构建了如下的目标研究框架:

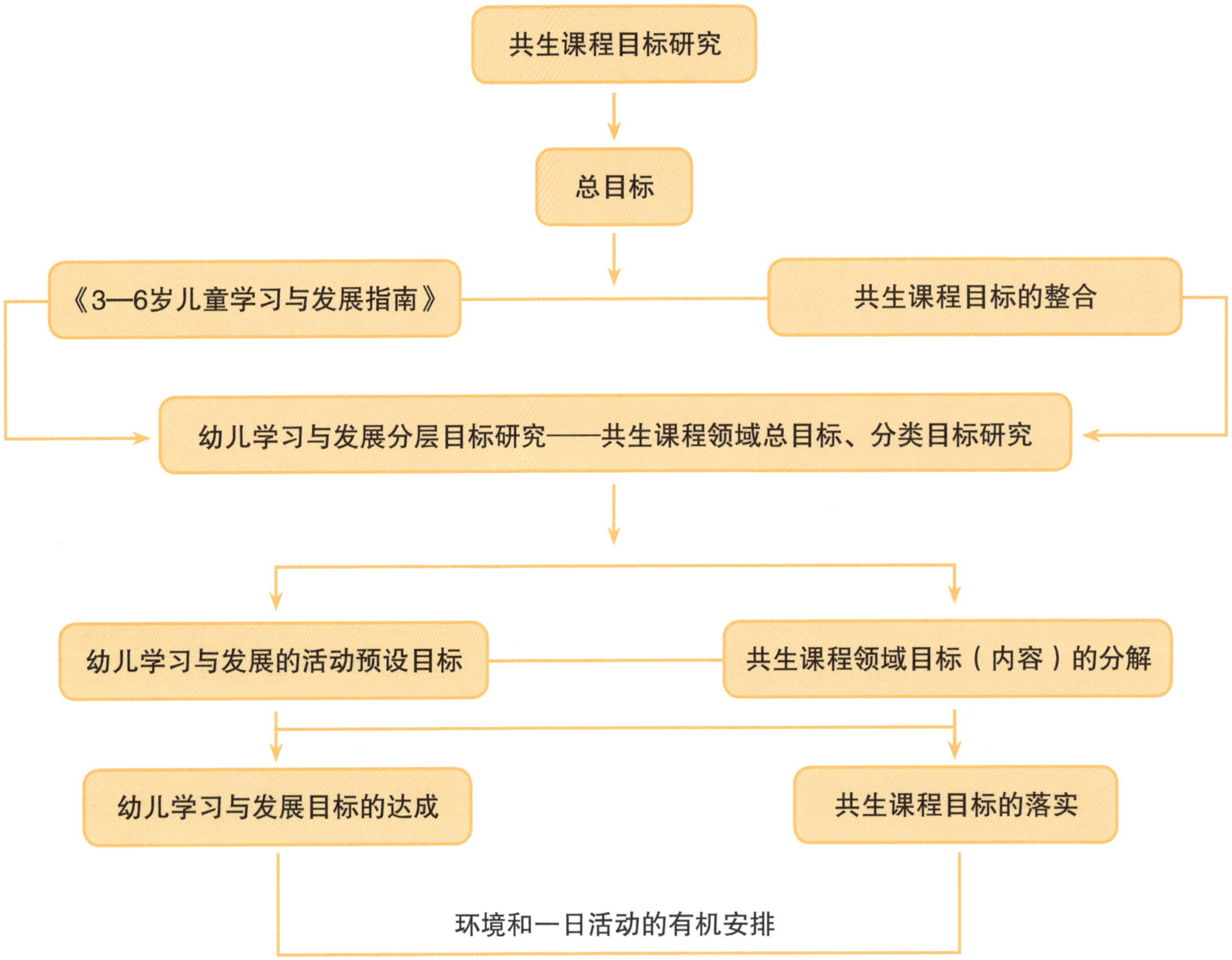

（二）各目标

1. 总目标

共生课程坚持课程的总目标旨在“根据以人为本的教育思想，从全面落实幼儿素质教育的任务出发，培养幼儿的自我意识，鼓励幼儿主动尝试、探索、活动，开发幼儿潜能，给幼儿以体、智、德、美方面的‘完整’教育，为幼儿身心和谐的发展，为培养健全的人格打基础、做准备”。

2. 五大领域总目标和分类目标

依据目标框架体系，在共生课程总目标下，我们结合《纲要》的教育目标与内容要求，修改和确定了如下“共生课程五大领域的总目标和分类目标”：

健康领域

总目标：

增强幼儿体质，培养健康生活的态度和行为习惯，促进身体各部分技能的协调发展。

分类目标：

①开展多种有趣的体育活动，特别是户外的、大自然的活动，促进幼儿身体正常发育，增强体质，提高其对环境的适应能力。

②培养幼儿参加体育锻炼的积极性，在走、跑、跳、钻、爬、攀等各种体育活动中，发展幼儿的感知和运动能力，促进身体技能的协调发展。

③养成幼儿良好的饮食、睡眠、盥洗、如厕等生活卫生习惯，学习自我服务技能，培养基本的生活自理能力，形成文明生活方式。

④建立良好的师幼、同伴关系，创设温馨的人际环境，让幼儿充分地感受到亲情和关爱，形成积极稳定的情绪情感；密切结合幼儿的生活和活动进行安全、保健等方面的教育，培养自我保护的基本能力，开展性的启蒙教育。

语言领域

总目标：

提高幼儿语言交往的积极性，发展语言能力。

分类目标：

①通过多种活动扩展幼儿的生活经验，丰富语言的内容，增强理解和表达能力。

②养成幼儿专心倾听的良好习惯，并能听懂、理解对方的话。

③培养幼儿用连贯的语言清楚地说出自己想说的事的能力。

④提高幼儿阅读兴趣，指导幼儿学会良好的阅读方法，养成良好的阅读习惯，引导幼儿自然而然地产生对文字的兴趣，进一步拓展学习经验。

⑤为幼儿创设自由、宽松的语言交往环境，激发幼儿与人交谈的欲望，提高幼儿的交往能力。

社会领域

总目标：

对幼儿进行情感教育，增强幼儿的自尊、自信，培养幼儿关心、友好的态度和行为，促进幼儿个性健康发展。

分类目标：

①引导幼儿参加游戏和各种有益的活动，在积极健康的人际关系中获得安全感和信任感，发展自信和自尊，形成基本的认同感和归属感。活动中激发幼儿快乐、自信的情感体验。

②引导幼儿在与人交往中礼貌、大方，对人友好。

③指导幼儿学习分辨对错，在良好的社会环境及文化的熏陶中学会按基本的社会行为规范行事，遵守规则。

④使幼儿乐于接受任务，鼓励幼儿做好力所能及的事。

⑤培养幼儿爱父母、爱教师、爱集体、爱家乡、爱祖国的情感。

科学领域

总目标：

激发幼儿的好奇心和探究欲望，引导幼儿体验探究过程，发展幼儿认知能力和动手动脑的能力。

分类目标：

①引发幼儿的好奇心和探究兴趣，鼓励幼儿观察和发现周围环境中有趣的事情。鼓励幼儿大胆地尝试和学习使用科学实验用具，提高实际操作能力。

②充分地利用自然和实际生活机会，引导幼儿通过观察、比较、操作、实验等方法，学习发现问题、分析问题和动手动脑解决问题。

③引导幼儿理解生活中的简单数量关系，发展幼儿归类、排序、判断、推理等逻辑思维能力，引导幼儿用简单的分类、比较等方法探索事物。

④经常带幼儿亲近大自然，引导幼儿喜欢动植物，引发幼儿对周围生活环境的关注和了解。

⑤引导幼儿与同伴共同探究，能用适宜的方式表达各自的发现，并相互交流。

艺术领域

总目标：

丰富幼儿的情趣，培养初步的感受美、表现美的情趣和能力。

分类目标：

①引导幼儿能初步感受环境、生活和艺术中的美，会享受生活的乐趣。

②引导幼儿喜欢艺术活动，能用自己的方式大胆地表现自己的感受与体验。

③引导幼儿乐于与同伴一起娱乐、表演、创作。

④让幼儿在大自然和社会文化生活中萌发对艺术创作活动的兴趣，丰富其想象力和创造力。

3. 五大领域各年龄段幼儿学习与发展分层目标

在共生课程五大领域的总目标和分类目标下，我们引用《指南》对五大领域各年龄段幼儿学习与发展的进一步细化描述，将它作为“五大领域各年龄段幼儿学习与发展分层目标”。如“科学学科领域5～6岁幼儿学习与发展目标”：

目标1：亲近自然，喜欢探究

①对自己感兴趣的问题总是刨根问底。

②能经常动手动脑寻找问题的答案。

③探索中有所发现时感到兴奋和满足。

目标2：具有初步的探究能力

①能通过观察、比较与分析，发现并描述不同种类物体的特征或某个事物前后的变化。

②能用一定的方法验证自己的猜测。

③在成人的帮助下能制订并执行简单的调查计划。

④能用数字、图画、图表或其他符号记录。

⑤探究中能与他人合作与交流。

目标3：在探究中认识周围世界和现象

①能察觉到动植物的外形特征、习性与生存环境的适应关系。

②能发现常见物体的结构与功能之间的关系。

③能探索并发现常见的物理现象产生的条件或影响因素，如影子、沉浮等。

④感知并了解季节变化的周期性，知道变化的顺序。

⑤初步了解人们的生活环境与自然环境的密切关系，知道尊重和珍惜生命，保护环境。

4. 五大领域各年龄段幼儿活动预设目标

结合共生课程五大领域的总目标和分类目标，以及《指南》的五大领域各年龄段幼儿学习与发展的分层目标，我们分领域、分年龄段制订了操作性更强的“幼儿各活动的预设目标”，如“5～6岁幼儿科学学科活动预设目标”，下面列举其中的“生命科学”和“地球与空间科学”两部分：

▶ 类别：生命科学

植　　物

（一）认识植物

预设目标

（1）热爱大自然，感受大自然的奇妙。

（2）尝试了解植物的概念，根据生长环境给针叶、阔叶、草本、木本植物进行分类、统计。

（3）能察觉到植物的外形特征与生存环境的适应关系。

（二）植物的生长

预设目标

（1）了解植物的根、茎、叶。

（2）尝试通过观察、比较、记录等方法感知植物的生长过程。

（3）对植物生长相关问题感兴趣，有持之以恒的科学探究精神。

（三）光合作用

预设目标

（1）了解什么是光合作用。

（2）通过光合作用了解植物与环境的关系，理解保护环境的重要性。

（3）对保护植物的措施和方法进行统计，并做一些力所能及的环保行动。

（四）树的年轮

预设目标

（1）观察了解树的年轮，并知道树与年轮的关系。

（2）尝试运用数年轮的方法推测树的年龄。

（3）喜欢发现问题，并能和同伴通过探讨交流寻找问题的答案。

动　物

（一）认识动物

预设目标

（1）喜欢观察、认识各种动物，并能根据特征的不同对动物进行统计、分类。

（2）能理解动物是人类的朋友，要爱护动物。

（二）家禽和飞禽

预设目标

（1）通过观察和比较，尝试了解家禽和飞禽的异同。

（2）乐于通过查找资料探究家禽和飞禽的关系。

（三）家畜和野兽

预设目标

（1）通过观察和比较，尝试了解家畜和野兽的异同。

（2）乐于通过查找资料探究家畜和野兽的关系。

（四）海洋动物

预设目标

（1）了解常见的海洋动物，能分辨出几种常见的不同种类的海洋动物的名称及特征。

（2）在活动中能大胆探索，并将自己的发现与同伴进行分享。

（3）知道要保护生态平衡，有初步的环保意识。

（五）软体动物

预设目标

（1）能说出软体动物的共同特征。

（2）愿意参与观察蜗牛等软体动物的外部形态和生活习性的活动。

（3）对探究动物的相关活动有欲望和兴趣。

（六）昆虫

预设目标

（1）通过观察认识常见的昆虫，了解昆虫的主要特征。

（2）利用已有的经验进行判断和推理，进一步积累昆虫方面的经验。

（3）愿意参与昆虫的探究活动，敢于大胆地表达自己的想法。

（七）动物怎样保护自己

预设目标

（1）了解一些动物保护自己的方法。

（2）能察觉到一些动物的外形特征、生活习性与生存的适应关系。

（3）理解动物是人类的朋友，要保护濒危动物。

（八）动物的繁衍

预设目标

（1）通过观察、比较了解动物的不同繁殖方式（胎生、卵生）。

（2）喜欢发现问题，并能和同伴通过探讨交流寻找问题的答案。

▶ 类别：地球与空间科学

（一）我们的国家

预设目标

（1）尝试在世界地图中找到中国的位置。

（2）了解中国在地球中所处的地理位置。

（3）通过活动了解中国各省份的地理位置。

（4）会根据地图上不同的颜色，找出海洋、高山、河流、陆地等。

（5）在活动中发展观察及空间感知能力。

（二）我们的民族

预设目标

（1）了解中国是由56个民族组成的，以及各民族不同的风俗习惯及服饰特点。

（2）会用图画、图表或其他方式对各民族特点进行统计、分类。

（3）对少数民族有探究的兴趣，发展热爱少数民族的情感。

（三）四大洋、七大洲

预设目标

（1）了解四大洋、七大洲在地球上的位置。

（2）感知陆地和海洋对人类生存的意义。

（四）南极和北极

预设目标

（1）知道南极和北极是地球上较寒冷的地方，了解它们的一些主要特征。

（2）乐意将自己收集的信息与同伴分享。

（3）对南极、北极产生探究兴趣。

（五）太阳系

预设目标

（1）了解太阳系中八大行星的名称。

（2）通过操作，理解太阳、月亮、地球的运转周期与时间、气候的关系。

（3）对太阳系相关的科学知识产生探究的兴趣。

（六）土壤

预设目标

（1）通过实验感知土壤的特点和组成。

（2）探索土壤上面和下面的世界以及土壤的其他作用。

（3）了解保护土壤的一些简单方法。

（4）在探究活动中发展动手能力及探索兴趣。

（七）石头

预设目标

（1）通过对比、观察，了解不同种类石头的外观、形状、重量等，并做统计。

（2）初步了解岩石形成的过程。

（3）通过观察、讨论，发现石头的用途以及它和人们生活的关系。

（八）沙

预设目标

（1）进行玩沙的活动，感知常见沙的特性。

（2）在操作中发展感知能力、想象力和创造力。

（3）激发愉快的情绪，发展初步的探究精神。

（九）水

预设目标

（1）在游戏中感受玩水的乐趣，知道节约用水。

（2）在实验中感知水的主要特性，锻炼动手操作的能力，萌发对水的探索欲望。

（3）乐意用语言表达所看到的现象并愿意和同伴交流，敢于大胆地提出问题并表达自己的想法。

（十）天气和气候

预设目标

（1）感知并了解季节变化的周期性，知道季节变化的顺序，了解四季的气候特点。

（2）通过对比方法了解南方和北方的气候差异。

（3）关注和记录各种天气。

（十一）风、雨、雷、电

预设目标

（1）观察风、雨、雷、电等自然现象，理解这些自然现象产生的原理。

（2）了解各种风、雨、雷、电的预警信号，知道遇到特殊天气时自我保护的方法。

（3）发展探索欲望及参与探索自然现象的兴趣。

我们的五大领域各年龄段幼儿活动的预设目标是《指南》引领下幼儿学习与发展目标的具体化、情境化、灵动化、形象化、层次化，围绕幼儿成长的需求与各园的教育资源状况，展示“共生”品质，启示教师创新探索，给力幼儿幸福成长。

值得注意的是，从课程总目标 ⟶ 课程五大领域总目标和分类目标 ⟶ 五大领域各年龄阶段幼儿学习与发展分层目标 ⟶ 五大领域各年龄段幼儿活动预设目标……目标越来越小，操作性越来越强。尽管如此，我们在制订各类目标时始终采取只给教师一个较“粗”的目标，从大的方向上给教师以引导，鼓励教师自己灵活地把握目标，更多地发挥其主动性，以使课程目标更加科学、适宜。

第二节 关于共生课程的内容

一、遵循广泛性、启蒙性

《纲要》指出，幼儿园教育的内容“是广泛的、启蒙性的”“各方面的内容都应发展幼儿的知识、技能、能力、情感态度等”。我们长期坚持对课程的内容，进行广泛性、科学性及有效性等方面的研究，努力解决课程结构上和内容上的片面性和不合理性，通过合理的课程编排，力求使幼儿获得较为广泛的经验。

幼儿期是知性、悟性、灵性的启蒙期，要学的东西既浅显又有限，只能是启蒙的、生活化的。《指南》中也提出“生活是幼儿学习与发展的源泉，幼儿园和家庭教育要充分地挖掘和利用幼儿一日生活中的宝贵资源和教育契机，寓教育于生活之中”。此外，我们始终认为“学会学习，培养全身心投入的状态，掌握有效的学习方法，养成良好的学习习惯等”，才是对终身学习有效的东西。幼儿需要学习，当然也包括学习一些知识，但其重点不是知识，幼儿阶段的学习有比知识更为重要的东西，即“启思”“开窍”“育能”“挖潜”。因此，共生课程在内容编排上努力遵循广泛性、启蒙性、生活化等原则，希望使幼儿有一个更为完善的学习与发展教育。

二、体现全面性、可变性

《纲要》提出“幼儿的学习是综合的、整体的。在教育过程中应依据幼儿已有经验和学习的兴趣与特点，灵活、综合地组织和安排各方面的教育内容，使幼儿获得相对完整的经验”。《指南》也指出“从健康、语言、社会、科学、艺术五个领域描述幼儿的学习与发展。每个领域按照幼儿学习与发展最基本、最重要的内容划分为若干方面”。共生课程依据《纲要》和《指南》的精神，注重平衡五大领域的内容，结合幼儿的兴趣、需要以及地域和年龄特点，编制了《幼教中心幼儿学习活动、内容及支持性策略》，努力为幼儿提供全面的、完整的学习和活动内容。

共生课程的内容是依附于目标的，共生课程的目标提倡“整合性”和“有所为，有所不为”的思想，所以，在选择课程内容时，除了注重内容的全面性、整合性，还需要充分考虑和照顾地域特点、幼儿兴趣的不稳定性、能力及经验的差异、个别化的不同需求等因素，兼顾内容的可变性。我们创造性地采取预测幼儿可能发生的学习与活动的方式，以确保教师在即时的状态下灵活地选择课程内容，使活动内容更加科学、适宜。

选择和编排课程内容时，我们在“共生课程五大领域分类目标”的统领下，将每个领域参照《指南》的分类标准或者学科体系特点，分成若干个内容板块，如:

健康领域的学习内容分为“身体保健”“身体锻炼”“心理健康”三大类。

语言领域的学习内容分为“倾听”“表达”“阅读”“前书写”四大类。

社会领域的学习内容分为“人际交往”“社会适应”两大类。

在科学领域中，我们将科学领域分为“科学学科”和“数学学科”两个类别，“科学学科”的学习内容再分为“生命科学”“物质科学”“地球与空间科学”“设计和探索类”四大类；“数学学科”的学习内容则分为“生活中的数学”“数、量及数量关系”“形状与空间”三大类。

在艺术领域中，我们将艺术领域分为“美术学科”和“音乐学科”两个类别，“美术学科”的学习内容再分为“绘画”“手工”“泥工”“欣赏”四大类；“音乐学科”的学习内容则分为“歌唱活动”“韵律活动”“音乐欣赏”“打击乐”四大类。

在内容板块下再分小类别，并制订出每个活动的预设目标，推测幼儿可能发生的学习和活动内容。我们提倡教师针对幼儿可能发生的活动内容，将《纲要》的“教育要求”和《指南》中的“教育建议”等有机结合起来，制订出供教师关注和参考的支持性策略。下面列举科学学科领域《5～6岁年龄段幼儿学习活动、内容及支持性策略》中的“物质科学”部分：

▶ **类别：物质科学**

材　料

（一）材料制品

1. 预设目标

（1）了解生活中常见的材料制品，如金属、木头、塑料、玻璃、纸、布等，并在操作实验中初步感知不同材料的特性。

（2）通过观察、比较，对生活中的常见物品按材料不同进行简单分类。

（3）了解高科技的新型材料，对新型材料有探究兴趣。

2. 幼儿可能进行的活动及教师支持性策略

（1）对常见物品根据材料不同进行简单分类。

（2）在科学馆的各区角投放金属、木头、塑料、玻璃、纸、布等材料，鼓励幼儿自主进行操作、实验，感受各种材料的物质属性。如金属比较坚硬，木头可燃，塑料轻，玻璃易碎等。

（3）提供影音资料，通过讨论和分享，引导幼儿理解有些材料制品使用后可以回收，经过加工后可以变成新的资源再利用，但有些材料使用后处理不当会污染环境，如塑料制品。讨论因材料造成环境污染的对策。

（4）通过幼儿在区角自主观看科普片了解新型环保材料，激发幼儿的探究欲望，引导幼儿感受科学技术的迅猛发展。

（5）鼓励幼儿运用各种材料制品，结合材料的不同特性进行游戏活动，充分地感知材料的特性，并感受游戏带来的乐趣。

（6）美工馆投放各种材料，鼓励幼儿大胆进行塑型、创意加工或其他创造性手工活动，并支持幼儿与同伴进行分享、互动。

（二）温度计与测量

1. 预设目标

（1）了解不同的温度测量工具及其用途。

（2）在探索、比较中尝试正确使用温度计，学习测量、记录的简单技能。

（3）在活动中发展观察、比较及判断的能力。

2. 幼儿可能进行的活动及教师支持性策略

（1）引导幼儿观察、对比体温计、气温计、水温计，了解它们不同的用途。

（2）提供条件让幼儿进行体温、气温和水温的测量并记录，对测量结果进行分析和语言表述。

（3）引导幼儿观察、讨论、分享体温计、气温计和水温计的异同，在对比中认识这三种温度计。

（4）引导幼儿在操作中练习测量温度的简单技能。

（5）启发幼儿通过对不同温度的水的测量和记录，以及对不同水温的亲身体验，仔细观察温度计中水银柱升降变化，推测和了解水银柱升降与温度变化的关系。

（三）弹性

1. 预设目标

（1）通过探索活动，了解弹性物体的特征及其在生活中的应用。

（2）对弹性现象有好奇心，通过操作学习和发现学习，初步养成创造性思维和对科学的探索精神。

2. 幼儿可能进行的活动及教师支持性策略

（1）区域中提供各种弹性物品。如海绵、弹簧、橡皮筋、松紧带、乒乓球、塑料球、毛线、纱线、编织绳等，让幼儿动手操作，发现并感受弹性现象，并鼓励幼儿将物品的弹性现象用语言描述出来。

（2）同幼儿一起讨论并分享生活中的弹性现象。

（3）区域中提供多种材料及流程图，提示幼儿制作简易弹簧、弹弓、弹簧笔等。

（4）组织幼儿进行弹性玩具的制作比赛，鼓励幼儿大胆地分享自己的设计以及制作方法和步骤。

（5）提示幼儿在制作及使用弹性玩具的过程中要注意安全。

（四）溶解

1. 预设目标

（1）通过实验操作，了解某些物体有被水溶解的特性。

（2）在探索活动中理解物体的融化速度与水的温度、物体的大小等有关。

（3）在实验活动中，有观察事物变化的兴趣，愿意参与动手动脑活动，提升综合能力。

2. 幼儿可能进行的活动及教师支持性策略

（1）提供溶于水的材料（盐、糖等）和不溶于水的材料（沙、小石子、树叶等），鼓励幼儿动手实验，自由探索。

（2）关注幼儿在实验中的操作，引导幼儿观察和记录实验中发生的变化，鼓励幼儿用语言描述。

（3）在幼儿描述实验时，教师正确地示范使用“溶解”这个词语，在概念上给幼儿正确的引导。

（4）支持幼儿提出问题：怎样能溶解更快？鼓励幼儿做出假设，并通过多次实验，找出正确答案。

（5）鼓励幼儿将自己的实验结果向同伴分享，并提供材料支持幼儿更多探索溶解实验的行为。

（6）给幼儿提供自己整理材料的机会，自制标签，将各种材料分类摆放。

（五）膨胀

1. 预设目标

（1）感知物体的膨胀现象，初步了解物体膨胀的条件。

（2）尝试用比较的方法观察事物。

（3）萌发对物体膨胀现象的探索兴趣。

2. 幼儿可能进行的活动及教师支持性策略

（1）提供一些黄豆、绿豆、木耳、紫菜、海带、塑料玩具、钥匙和水，引导幼儿对这些材料进行泡水的实验，观察并记录发生的变化。

（2）同幼儿一起进行遇热膨胀的实验，如将瘪的乒乓球放到热水中等，用绘画形式记录实验过程，并与同伴分享，体验遇热膨胀的现象。

（3）鼓励幼儿讨论并分享生活中的膨胀现象，并用各种方式进行表征。

（4）同幼儿一起观看录像资料，帮助幼儿感知除了“遇水”和“遇热”，还有哪些条件可以发生膨胀现象。

（5）支持幼儿探索性的行为，鼓励幼儿在生活中继续寻找会发生膨胀现象的物体，并投放到科学馆，使资源共享。

（六）氧化

1. 预设目标

（1）通过实验观察物体被氧化的现象。

（2）了解氧化的一些必要条件。

（3）愿意自己动手操作实验、观察和记录，有探究兴趣。

2. 幼儿可能进行的活动及教师支持性策略

（1）引导幼儿看实验流程图自主进行氧化的操作实验，如把削了皮的苹果或土豆放在空气中，引导幼儿观察和记录苹果或土豆发生的变化。

（2）鼓励幼儿描述氧化过程中的变化，并大胆猜测、解释为什么会发生这种变化。

（3）引导幼儿通过反复实验验证自己的猜测，并关注实验过程中幼儿的探究兴趣，适时地提供帮助。

（4）鼓励幼儿将前后几次的实验记录和结果进行对比，寻找氧化的必要条件。

（5）同幼儿一起讨论控制物体氧化的方法，并支持幼儿运用于实践。

电

（一）认识电

1. 预设目标

（1）了解有关电的简单原理，知道用电需要电源、电线等。

（2）理解电对人类的巨大作用，知道在用电过程中要注意安全。

（3）能积极地参加探索活动，大胆表达自己的观察发现，爱思考，多动脑。

2. 幼儿可能进行的活动及教师支持性策略

（1）同幼儿分享爱迪生发明灯泡的故事，同时帮助幼儿了解电是由谁发现的。

（2）请家长协同帮助幼儿在日常生活中了解一些电的相关知识，如电源、电线、正极、负极、变电站等，学习正确使用简单家用电器。

（3）引导幼儿进行“神奇静电”的科学小实验，帮助幼儿感受静电的现象，并按照是否能产生静电的标准对物品进行分类。

（4）跟幼儿一起讨论电在生活中的用途，鼓励幼儿大胆分享和表达，引导幼儿懂得节约用电的道理。

（5）同幼儿一起讨论安全用电的相关知识，帮助幼儿制订安全用电小贴士，提示大家安全用电。

（二）电的正极和负极

1. 预设目标

（1）通过观察、操作、实验、谈话等活动了解电池的特性及正极、负极。

（2）探索正确使用电池、检验电池的方法。

（3）喜欢动手操作活动和科学探索活动。

2. 幼儿可能进行的活动及教师支持性策略

（1）在区域中提供手电筒、遥控汽车等多种用电池的物品和电池，让幼儿自己组装电池，鼓励幼儿大胆地描述电池的安装方法。

（2）提供电珠、电线和电池，鼓励幼儿自主探索，反复操作，形成电路，让电在电路中流动，最终使电珠亮起来。

（3）引导幼儿用自己的方式表示线路图。鼓励幼儿用语言描述电是怎样在电路中流动的。

（4）当幼儿进行描述时，适时指导幼儿正确运用“正极”和“负极”等词语，在概念上给幼儿正确的引导。

（三）串联和并联

1. 预设目标

（1）尝试根据图示连接简单的串联电路和并联电路。

（2）在自由探索中了解串联与并联的区别，并尝试用自己的方式进行记录。

2. 幼儿可能进行的活动及教师支持性策略

（1）在区域中提供大量电路游戏材料，如投篮游戏、动感恐龙、水轮泡沫车、迷宫铃铛、吊杆机、电风扇等，鼓励幼儿动手操作，感受自由探索的乐趣。

（2）引导幼儿认识各种电路图中的符号，学看简易电路图。

（3）提示按照串联、并联电路图连接电路，观察并记录电路情况，对比观察它们的异同。

（4）当游戏不成功时，鼓励幼儿大胆猜测，引导幼儿根据电路图进行检验，与同伴合作解决问题。

（5）鼓励幼儿介绍、分享自己连接的线路及电是怎样在电路中流动的，并适时给予肯定和表扬。

力

（一）摩擦力

1. 预设目标

（1）通过与材料的互动，感知摩擦力的存在。

（2）在实验中运用观察、比较的方法，感受摩擦力大小及变化，并会用符号记录实验的结果。

（3）结合生活经验，初步了解摩擦力与人们生活的关系，尝试用摩擦力的原理解决生活中的一些简单问题。

2. 幼儿可能进行的活动及教师支持性策略

（1）在区域中提供毛巾、木板、纸板、地垫、瓷砖、玩具小车等材料，鼓励幼儿进行摩擦力的操作实验，感受物体不同的表面与摩擦力大小的关系。

（2）关注幼儿的操作过程，提醒幼儿通过观察和比较，将实验过程及结果用符号记录下来，鼓励幼儿用语言叙述实验结果。

（3）引导幼儿讨论和操作探索实验：怎样增加物体的摩擦力？怎样减少物体的摩擦力？

（4）同幼儿一起讨论、描述生活中摩擦力的现象，引导幼儿理解摩擦力与人们生活的关系。

（5）同幼儿一起讨论：在生活中什么时候需要增加摩擦力，怎样增加？什么时候需要减少摩擦力，怎样减少？帮助幼儿运用摩擦力的原理解决生活中的问题。

（二）重力

1. 预设目标

（1）通过实验操作发现：由于重力的作用，各种物体在空中都会自由下落。

（2）通过各种操作活动，初步感知不同物体下落速度与物体重力以及空气的浮力的关系。

（3）发挥创造性尝试改变物体下落的速度，养成动手操作实验和观察的兴趣。

2. 幼儿可能进行的活动及教师支持性策略

（1）同幼儿一起讨论“物体被扔到空中后会发生什么事”的话题，分享任何物体在空中没有其他物体支撑都会自由下落的经验。

（2）提供多种材料，如小降落伞、小玻璃珠、羽毛、橡皮等，支持幼儿进行将这些材料从同一高度下落的实验，帮助幼儿直接感知重力的存在。引导幼儿用符号记录每种材料下落的速度和力量，观察对比它们的不同。

（3）同幼儿一起讨论：为什么物体会落下来？为什么有的物体下落快？有的物体下落慢？鼓励幼儿大胆猜测，并表达自己的理由。

（4）支持幼儿尝试通过自己的猜测改变物体下落速度的实验，帮助幼儿通过实验来验证自己的猜测。

（5）同幼儿一起讨论并描述生活中的重力现象，感受重力与人类生存的关系。

（三）压力

1. 预设目标

（1）通过各种实验感知水、空气等都有压力。

（2）了解科学现象与日常生活的密切联系。

（3）感受探索有关压力的奥秘的乐趣。

2. 幼儿可能进行的活动及教师支持性策略

（1）提供上、中、下各钻了孔的塑料瓶、水杯、水、纸片等材料，同幼儿一起进行空气压力的实验，帮助幼儿感知压力的存在。

（2）同幼儿一起讨论为什么会出现这样的现象？分享生活中其他关于压力的现象，鼓励幼儿大胆表达。

（3）引导幼儿用表征的方式记录实验的结果。

（4）关注幼儿在实验中表现出的科学探究行为，鼓励幼儿用语言描述观察到的现象。

（5）在幼儿描述的时候，帮助幼儿正确使用“压力”等词语，在概念上给幼儿正确的引导。

（6）组织幼儿收集更多关于压力的实验，分享后投入区域中进行资源共享。

（四）杠杆

1. 预设目标

（1）通过实验感知杠杆组成的必要条件。

（2）在实验中尝试改变条件，理解杠杆省力的原理。

（3）有探究的兴趣，在活动中勇于发现问题、分析问题和解决问题。

2. 幼儿可能进行的活动及教师支持性策略

（1）区域中提供多种杠杆装置的玩具，供幼儿自由探索，帮助幼儿感知杠杆的力量。

（2）提供杠杆实验所需的材料，如小木棍、支点、重物等，同幼儿一起操作实验，帮助幼儿理解杠杆省力的原理。

（3）鼓励幼儿尝试改变支点的位置，感受撬动重物力量的变化，提醒幼儿用符号记录实验的结果，并进行对比，引导幼儿发现最省力的方法。

（4）同幼儿一起分享讨论，描述生活中的杠杆现象，帮助幼儿理解杠杆给人们生活带来了方便。

（5）鼓励幼儿尝试将杠杆省力的原理运用到生活中，解决生活中的难题。

（五）承重

1. 预设目标

（1）在大自然中感受物体的承重力。通过各种途径了解不同结构的桥及桥的承重，并尝试用各种方式进行表征。

（2）通过纸桥承重实验，了解物体放置方法、桥面形状、桥墩多少与承重力的关系。

（3）通过自我检验及与同伴之间的相互比对，不断探索增加纸桥承重力的方法。

（4）积极动手动脑，体验探索与交流的乐趣。

2. 幼儿可能进行的活动及教师支持性策略

（1）同幼儿一起到幼儿园的二楼平台、楼梯、独木桥、滑梯、平衡木等地方，引导幼儿感受承重物是否结实，帮助幼儿理解任何物体都有承重力。

（2）提供各种关于桥和桥的承重的视频、图书等，引导幼儿对各种不同结构的桥产生兴趣，鼓励幼儿用多种方式进行表征。

（3）提供纸（桥面）、积木（桥墩)、重物等材料，引导幼儿进行桥的承重实验。

（4）在实验中关注幼儿在改变承重力上的尝试，并适时给予帮助。

（5）引导幼儿尝试改变桥面形状、桥墩数量、桥墩距离等，改变桥的承重力。

（6）提醒幼儿将实验结果用符号记录下来，进行对比观察，得出结论。

（7）鼓励幼儿将自己的实验结果跟同伴进行分享，支持幼儿探索更多物体承重力的行为。

（六）磁力

1. 预设目标

（1）在实验中感受磁铁有吸铁的特性，接触磁化的现象。在探究的过程中勇于尝试，体验科学实验的乐趣。

（2）知道磁铁有南极和北极。

（3）感受同极相斥、异极相吸的现象。

（4）乐于参加磁性玩具展览会等活动，主动承担一定的活动任务。

2. 幼儿可能进行的活动及教师支持性策略

（1）提供多种材料，如积木、积塑、弹力球、橡皮、玻璃球、纸片、钢球、回形针、螺丝及各种磁铁等，供幼儿自由探索后，引导幼儿区分磁性物体和非磁性物体。

（2）引导幼儿设计分类统计表，对磁性物体和非磁性物体进行分类统计。

（3）区域中提供大量磁力小实验材料，如珠链、磁力别针、磁力罗盘、别针雕塑等，引导幼儿感受磁铁同极相斥的现象。

（4）幼儿观察、探索异极相吸、磁化等现象。提供与磁力实验相对应的记录表，提示幼儿进行实验时要做好记录，鼓励幼儿向同伴描述实验过程和结果。

（5）支持并鼓励幼儿利用磁铁的不同性质设计、制作不同的玩具。

（6）举办自制磁性玩具展览会：和幼儿一起讨论展览会方案和准备工作的分工，设计布置展区，设计、制作和发放邀请函（家长和同年级其他班的同伴），准备供展览用的自制磁性玩具等，并对展览会上的工作任务进行分工。活动后鼓励幼儿讨论活动中的发现、感受和体会。

（七）滑轮

1. 预设目标

（1）了解并尝试制作简单的定滑轮、动滑轮装置，并在操作实验中比较定滑轮和动滑轮的不同。

（2）了解滑轮在生活中的应用。

（3）在动手制作及体验观察科学现象中感受乐趣。

2. 幼儿可能进行的活动及教师支持性策略

（1）同幼儿一起观看多种滑轮装置的视频，引导幼儿直接感知滑轮的神奇力量。

（2）提供轮子、细绳、固定架等材料，鼓励幼儿尝试自己制作滑轮，并将自己制作的滑轮表征出来。

（3）提供定滑轮和动滑轮的制作图示，引导幼儿根据图示分别制作定滑轮玩具和动滑轮玩具，并操作探索滑轮是怎样运送东西的。

（4）引导幼儿观察比较定滑轮和动滑轮的不同（组装、承重力），鼓励幼儿用语言进行描述。

（5）同幼儿一起观察、寻找、讨论生活中常见的滑轮应用，如升旗杆、电梯、手摇水井等，激发幼儿的探究兴趣。

（八）设计滑轮组

1. 预设目标

（1）尝试自己设计滑轮组，并通过小组合作尝试制作、操作滑轮组。

（2）活动中能运用数字、图画或其他符号记录探索过程。

（3）在合作的过程中逐步养成发现问题、分析问题和解决问题的思路。

（4）在活动中体验设计的乐趣。

2. 幼儿可能进行的活动及教师支持性策略

（1）同幼儿一起讨论滑轮的作用，引导幼儿理解省力的概念。

（2）提供多个轮子、细绳、固定架等，鼓励幼儿自由组合，分小组合作设计滑轮组。

（3）引导幼儿在小组中分工合作，运用数字、图画或自己喜欢的符号记录设计的滑轮组。

（4）关注幼儿在设计中的表现，适时地提供帮助。

（5）提供分类整理制作滑轮组材料的机会，并制作标签，方便取放。

（6）鼓励幼儿大胆分享自己设计的滑轮组。

（7）组织亲子制作滑轮组比赛，激励幼儿探索科学的兴趣。

光

（一）认识光

1. 预设目标

（1）了解光的种类、特性及用途。

（2）通过操作活动发展观察、比较和判断能力。

（3）勇于探索，对探究光的奥秘感兴趣。

2. 幼儿可能进行的活动及教师支持性策略

（1）提供多媒体课件：各种照明灯、浴霸、歌厅里的灯光、装饰的彩灯、港口和马路上的信号灯等，引导幼儿感受不同种类的光。

（2）提供水、玻璃杯、小镜子、水盆、硬币、手电筒等材料，同幼儿一起进行光的实验，引导幼儿感受光有直射、反射、折射等现象，提醒幼儿将实验结果记录下来，并跟同伴分享。

（3）区域中提供光线实验材料，如分光器、神奇光谱、光影反射、神奇镜像、神奇成像仪、会动的光斑、多变的影子、变色光等，帮助幼儿观察、感知光的各种特性。

（4）鼓励幼儿分享自己的发现，描述生活中光的各种现象（影子、光斑、彩虹等）。

（5）同幼儿一起讨论光的各种作用，分享如何利用光给人们的生活提供更多的便利。

（二）凸透镜和凹透镜

1. 预设目标

（1）能通过操作、探索发现凸透镜和凹透镜的不同特征和作用，并会用语言表达。

（2）初步感知生活中凸透镜和凹透镜的运用，了解它们给生活带来的便利。

（3）乐意参加小组探索活动，体验合作探索的乐趣。

2. 幼儿可能进行的活动及教师支持性策略

（1）区域中投放各种镜子，如凸透镜、凹透镜、平面镜、凸面镜、凹面镜、望远镜、放大镜、显微镜、眼镜等，支持幼儿自由探索，引导幼儿感受同样的物体用不同的镜子观看后发生的变化。

（2）鼓励幼儿用凸透镜和凹透镜观察物体，提示观察凸透镜和凹透镜成像的区别，感知凸透镜和凹透镜有不同的折射成像效果，并将结果用符号记录下来。

（3）鼓励幼儿大胆地说出自己记录的结果，分享自己的发现。

（4）同幼儿一起讨论：生活中哪些地方运用到了凸透镜和凹透镜，引导幼儿了解凸透镜和凹透镜给人们的生活带来的便利。

（5）鼓励幼儿设计运用凸透镜和凹透镜现象的小玩具，与同伴相互分享。

声　音

1. 预设目标

（1）感受物体振动与声音的关系。

（2）在探索活动中，体验不同的物体发出的声音是不同的。

（3）初步了解噪声的危害，喜欢欣赏悦耳的声音，对探索声音感兴趣。

2. 幼儿可能进行的活动及教师支持性策略

（1）提供各种不同的声音，如悦耳的旋律、噪声、汽车声、喇叭声、动物叫声、各种乐器声等，帮助幼儿感受声音的多样化。

（2）同幼儿一起到音乐教室，鼓励幼儿尝试各种不同的乐器，感受不同的音色。

（3）引导幼儿进行声音的探索活动，如当弹吉他和打鼓时，观察吉他和鼓的变化（振动）。帮助幼儿感知声音是物体发生振动而产生的。

（4）同幼儿一起进行听声音的游戏，引导幼儿鉴别声源、声音的高低和强弱。

（5）引导幼儿尝试使用不同的力来产生声音，鼓励幼儿用一定词汇描述声音的性质，如音量、音调。

（6）鼓励幼儿观察传声筒的制作流程图，并进行自主操作和探究实验。

（7）同幼儿一起讨论：哪些声音是好听的，哪些声音会对我们的耳朵造成伤害？分享消除噪声的方法。

通过“预测”的做法，既让教师在活动前可以做到有所准备，又可以在活动过程中较好地把握课程内容的灵活性和可变性。

第三节　关于共生课程的评价

一、课程评价的传承

（一）对课程评价的认识

课程评价是课程建构和编制中不可或缺的一个部分，是检查和检验课程目标实现到何种程度，判定课程设计的效果，并对改进课程做出相应决策的重要途径。我们始终坚持认为：评价不是课程的终结，而是为了课程的改进，评价是前一轮课程的“后记”、结尾，是新一轮课程的“前奏”、开端；评价课程的效用不能是一个个“点状”的，而应是一整条“线状”的，即评价不能“取其一点”，而要看其全部发展过程；课程评价本身就是一个客观地描述并做出课程价值判断的过程。

共生课程认为，在课程评价的过程中，收集的资料、信息、数据要真实、客观、系统，能反映全体幼儿的发展过程，材料、信息的分析要全面、整体，通过多种方式和手段的运用，以对课程做出客观、完整的认识和判断。同时，要坚持边评价边调整（目标和内容）的做法，使评价真正起到学习课程理论、改进学习环境、完善目标内容、指导课程实践的作用。通过课程评价加深教师对课程的认识、理解，使幼儿成为课程评价的得益者。

（二）对课程评价方法的沿用

共生课程特别强调过程性评价，对原有的“随机观察评价”“日常教育活动的现场观察评价”等进行了沿用和改进。《幼儿园完整课程研究》一书中谈道：“随机观察评价”是对幼儿日常行为的现场的随机观察记录和评价，是指教师观察记录任何有意义的事件及相应的幼儿行为，并结合幼儿的身心发展情况给予合理、确切的解释和评价。共生课程对随机的观察、记录和分析进行了细致、深入的研究，并在共享区域活动、一日活动各环节中加以应用。借鉴“日常教育活动的现场观察评价”方式，我们对幼儿在共享区域活动中的整体状况进行观察，由教师或幼儿自己对活动中的效果进行评价，分别用“√”“△”和“○”三种不同的记号表示，使之客观地反映幼儿的活动效果及其在一段时间内的发展情况，并为对幼儿的完整评价提供资料。

二、课程评价的发展

为了使共生课程评价更加科学，并富有激励作用，以更好地满足课程发展的需要，我们在传承原有的课程评价的认识和沿用课程评价方法的同时，广泛吸收国内外现有的科学的课程评价方法，博采众长，开展一些有益的探索研究，不断完善共生课程评价，推进课程的改革和发展。

（一）国内外课程评价方法的借鉴

1. 深圳市“优质特色示范园质量检测体系”

深圳市“优质特色示范园质量检测体系”（以下简称“质量检测体系”）是依据《纲要》《指南》《幼儿教师专业标准（试行）》的精神，由深圳市教育局组织编制的针对优质特色示范园创建视导采用的保教质量检测指标体系。从“学习环境”“一日生活”“学习活动”及“管理文化”四个方面梳理出63项指标，并围绕四个方面的不同目标，罗列出1～7级的评价与反思指标，引导幼儿园思考和评价自身保育教育实践状况。

结合共生课程自身的情况，在注重过程性评价的同时，借鉴和参照“质量检测体系”，我们采用自评、他评等方式，通过阶段性评价，用概览图的方式呈现各阶段评价结果，较好地监测了常态化的课程实施状况。

在借鉴和使用“质量检测体系”时，我们关注过程性要素的把握，通过“质量检测体系”的指引和参照，不断地调整和完善共生课程，提升共生课程的适宜性、科学性，过程中也促进了教师的专业成长。

2. 美国“幼儿学习环境评价量表”

在国际早期教育评价领域，美国“幼儿学习环境评价量表”是国际上运用较为广泛的托幼机构教育质量评价工具。环境评价量表包含了7个子量表，分别是空间与设施、个人日常照顾、言语—推理活动、互动、作息结构、家长、教师，内含43个项目。

共生课程在研究评价的过程中，学习并吸收了美国“幼儿学习环境评价量表”中的7个子量表的评价项目，开展实践性的课程评价。随着课程评价研究的不断深入，我们凸显环境和氛围，努力贯彻《指南》精神，对以上7个子量表进行了改编，使之更符合共生课程评价的需要。如：

深圳实验幼教中心幼儿学习环境评量表

——幼儿园空间设施评量表——

幼儿园:　　　　日期:　　　　评量人:

评量项目	评量参数				评量现状	简评及调整措施
室内	不适用	最低要求	良好	优良	□□□□□□□ 1 2 3 4 5 6 7	

（续表）

评量项目	评量参数				评量现状	简评及调整措施
空间	1. 对全班幼儿、成人与设施而言空间不足 2. 空间缺乏适当照明、通风、温度控制或是吸音材质 3. 拙劣的空间维护（如：地板残留黏腻物和污垢，溢出来的垃圾桶）	1. 对幼儿、成人与设施而言足够的空间 2. 适当的照明、通风、温度控制和吸音设施（如：天花板、地垫） 3. 良好的修缮空间 4. 适度的清洁与保养完善的空间	能给予幼儿与成人自由地四处移动的足够室内空间（如：家具不会限制幼儿的移动）	1. 自然光可以被控制（如：可以调整的百叶窗或窗帘） 2. 通风可以被控制（如：窗户可以打开，窗门可以一直打开且安全无虑）	□□□□□□□ 1 2 3 4 5 6 7	
日常照顾、游戏和学习设施	1. 对日常照顾、游戏和学习而言基本设施不足（如：没有足够的椅子让所有幼儿同时使用；过少开放式的玩具柜） 2. 可能导致幼儿受伤的设施（如：破裂的器具或暴露的钉子及椅脚不稳固的椅子）	1. 对日常照顾、游戏和学习而言基本设施是足够的 2. 有大部分的设施是坚固且保养良好	1. 大部分的设施都是符合年龄段幼儿尺寸的 2. 全部的设施是坚固且保养良好	1. 日常照顾的设施使用方便（如：小床和垫子存放在容易被取到的地方） 2. 使用木制的工作台、玩沙和玩水的桌子或画架	□□□□□□□ 1 2 3 4 5 6 7	
放松和舒适的设施	1. 幼儿没有柔软的设施可取用（如：填塞的沙发家具、垫子、地毯、豆袋椅） 2. 幼儿没有柔质玩具可取用（如：填充小动物、柔软的洋娃娃）	1. 幼儿有一些柔软的设施可取用（如：铺地毯的游戏区、垫子） 2. 幼儿有一些柔质玩具可取用	1. 一天当中有三分之一的时间在区域空间中有大量的柔软设施供幼儿休息、生活 2. 舒适区不受动态的体能游戏干扰 3. 多数的柔软的设施是干净的和修缮良好的	1. 除了有舒适的区域，还有柔软的设施可取用（如：在表演区或戏剧区有垫子；数个地毯区或整个房间都铺地毯） 2. 幼儿有许多干净的柔质玩具可用	□□□□□□□ 1 2 3 4 5 6 7	

（续表）

评量项目	评量参数				评量现状	简评及调整措施
角落规则	1. 没有明确划定活动区域的范围 2. 在游戏区的观察指导是很困难的	1. 至少有两个明确的活动区域 2. 游戏空间的观察指导不困难 3. 有足够的空间同时进行多项活动（如：给积木用的地板空间；操作用的桌面空间；美工用的画架）	1. 至少有三个活动区，并有方便使用的设备（如：接近绘画区的水源；有适当的橱柜放积木及操作性教具） 2. 安静和嘈杂的活动区域放在互不干扰的地方（如：读或听的区域和积木区及娃娃家分开） 3. 空间有规划所以大部分的活动都不互相干扰（如：有柜子挡住，所以幼儿不会从活动区的中间穿越；放家具的地方表示不鼓励粗鲁的游戏或奔跑）	1. 至少要有五个不同的活动区 2. 活动区可以让幼儿独立使用（如：有标识的开放柜子；有标识的玩具容器，开放式的架子上不会过度拥挤，游戏空间接近玩具储存的地方） 3. 有额外的操作材料可以加入或更换活动区域	□□□□□□□ 1 2 3 4 5 6 7	
私密空间	不允许幼儿单独玩或只和某一个幼儿玩，而且不受其他幼儿打扰	1. 允许幼儿去寻找或创造私密空间（如：在家具或房间隔板后面；在室外游戏器材中；在房间内的安静角落） 2. 私密空间方便教师观察指导	1. 在不被其他幼儿干扰处，分隔出能让一两位幼儿玩的私密空间 2. 私密空间在一天中大部分的时间是可以使用的	1. 私密空间不止一个 2. 教师设计一些活动让幼儿在使用这些私密空间时玩耍，且与一般的团体活动分开（如：在一安静的角落里放两个木塞板；有给一两位幼儿使用的电脑）	□□□□□□□ 1 2 3 4 5 6 7	
幼儿相关的展示	1. 没有设置幼儿展示作品的空间 2. 展示物不适合该年龄层的幼儿（如：将为较大的学童或成人设计的教材给学龄前幼儿使用；具有暴力倾向意识的图片）	1. 教材教具适合幼儿年龄发展层次及个别的能力（如：幼儿的照片、童谣，给年龄较大幼儿阅读和数学入门的教材，季节性的展示） 2. 有些幼儿的作品被展示	1. 展示大多与近期班上的活动及与幼儿有密切关系的作品（如：最近活动的美工作品或照片） 2. 大部分的展示物是幼儿的作品 3. 许多展示的项目适合幼儿的视线范围	1. 每个幼儿可自行选择主题或材料，并以自己的创意方式来完成的作品占大多数 2. 幼儿创作的立体作品（如：面团、黏土、木工）和平面作品同样被展示出来	□□□□□□□ 1 2 3 4 5 6 7	

（续表）

评量项目	评量参数				评量现状	简评及调整措施
大肌肉活动空间	1. 室内、室外都没有可供大肌肉活动的空间 2. 室内外活动的空间是危险的（如：需要在忙碌的街道行走一段长路方能到达；同一空间既是游戏场所也是停车场；没有栅栏设备的场地）	1. 有一些室外或室内的空间供大肌肉活动使用 2. 室内外活动空间要让会造成重大伤害的成因降低到最小限度，大致是安全的（如：在攀爬架下有足够的护垫）	1. 室内外空间必须要足够班级团体人数使用，有一些室内可供大肌肉活动的空间 2. 大肌肉活动空间是易于让团体中的幼儿使用的（如：在同一层楼并靠近教室） 3. 空间有适当的规划，所以不同形式的活动不会彼此干扰（如：有轮子的玩具与攀爬设备和球类运动隔开）	1. 室外的活动空间有多样性的地面，可以进行不同功能的游戏（如：沙子、柏油、木屑、草皮） 2. 室外场地有一些防御恶劣天气的设施（如：在夏天有遮蔽，冬天有阳光；挡风设备良好的排水装置） 3. 空间具有便利性（如：接近厕所和饮水机；接近器材储藏；幼儿可直接从班级到室外场地）	□□□□□□□ 1 2 3 4 5 6 7	
大肌肉活动器材	1. 很少大肌肉活动设备可供幼儿使用 2. 设备普遍缺乏维修 3. 大部分设备不符合幼儿的年龄特征及能力（如：使用成人尺寸的篮筐）	1. 有一些大肌肉活动设备，供所有的幼儿每天至少有一个小时可取用 2. 设备普遍维修良好 3. 大部分设备符合幼儿的年龄特征及能力	1. 有足够的大肌肉活动设备让幼儿使用，所以无须长时间等候 2. 设备能锻炼幼儿多样性的技能（如：平衡、攀爬、玩球、驾驶的玩具）	1. 固定式和活动式两种大肌肉活动设备均被使用 2. 大肌肉活动设备能促进不同水平的技能发展（如：有踏板和无踏板的三轮车；不同大小的球；有斜坡和阶梯式的攀爬架子）	□□□□□□□ 1 2 3 4 5 6 7	

对国内外现有的科学的课程评价方法和工具的借鉴和使用，使我们的课程评价视角更加开阔和多元，同时也奠定了共生课程评价的科学发展之路。

（二）共生课程评价的发展

我们认为，共生课程是全面落实素质教育，为形成健全人格奠定基础的课程，是开发幼儿个性潜能的课程，是引导幼儿主动活动的课程，是努力创造适宜幼儿学习与发展环境的课程，是既发展幼儿又发展教师的课程。因此，在课程评价中，我们的取向是记录与激励幼儿成长，过程性评价和总结性评价相平衡，我们所选择的角度是既评价幼儿又评价教师，我们选用的方法是量化评价和质性评价相结合。

在对幼儿进行评价时，我们采取的是随机观察评价、阶段性评价和单项评价相结合的方式，其中最常采用的是随机观察评价。在随机观察评价中，教师在平常的活动中尤其是区角活动中，会对幼儿行为、兴趣、投入程度、使用材料的情况、幼儿间的交流与合作等方面进行观察并记录，并进行合理、确切的解释、分析和评价，从而更好地促进幼儿的发展。而阶段性评价则是教师根据本班幼儿的实际情况制订出某一阶段的教育目标，针对每个幼儿在各项教育活动中的表现进行观察与评价，并加以记录。单项评价则是指在一些运动会比赛、科技节、故事大王、小歌星比赛等活动中进行评价。多种方式采集到的信息和多种方式的评价手段，为全面、完整地评价幼儿提供了保障。

在对教师进行评价时，我们往往采用他评与自评相结合的方式。他评能以一个“局外人”的角度客观地对课程质量做出评价，园长、教师、家长甚至是幼儿都是评价的主体。自评也是不可缺少的，教师既是评价的对象又是评价的主体，他们参与评价有利于发现问题、总结经验，进而提高自我分析和自我反思的能力。多元的评价方式，使得我们的评价更加客观、真实，可信度和效度更高。

不管是课程的目标、内容，还是课程评价，都是跟共生课程的理念息息相关的，我们常说“有什么样的课程理念，就会有什么样的课程目标和课程内容，不同的课程理念决定了不同的课程评价内容和方式”，因此，共生课程的“完整”“绿色”“创新”“和谐”“共享”的课程特征，倡导的“以儿童发展为根本”“以生活为中心”“以共同成长为目标”的课程思想，使得我们对课程目标、内容、评价的研究，始终坚持遵循幼儿的年龄特点和成长规律，以幼儿的发展为最核心的依据，促使共生课程在改革的道路上得以理性发展。

第四章

共生课程的实践研究

我们知道婴幼儿的咿呀学语以及对周围世界的认知不是源于书本，而是源于对周边人物、环境、声音、色彩、活动的感知和体验。因而，共生课程的组织与实施离不开环境与活动这两大要素与途径。

喜欢摆弄、尝试和探索是幼儿的本能，他们正是在用感官与客观环境的相互作用中，逐步构建着认知结构，丰富着知识、经验，他们从模仿、交往、游戏、操作、阅读、观察甚至打闹中学习，而更多的是从各种有益的活动中积累经验。所以，不管是完整课程，还是共生课程都坚持认为幼儿学习的方式方法应该是从“感知中学，学会感知”，从“生活中学，学会生活”，从“活动（游戏）中学，学会活动”，从“思考中学，学会思考”，从“操作中学，学会操作”，从“玩中学，学会玩”，从“合作与竞争中学，学会合作与竞争”。因此，我们的课程一直在努力研究适合幼儿学习与发展的各类活动，试图通过它们为幼儿创设自然的、自在的、自为的、自主的学习环境，促进其发展。

在课程的实施中，我们非常重视幼儿的主体地位，鼓励教师根据幼儿的身心发展特点和规律，通过创设富有教育意义的环境，为幼儿提供自主选择、自由探索、积极参与、充分交往的活动机会，允许他们按照他们所喜欢的方式，去做最接近他们自然活动的活动。而由于幼儿在体现主体性的方面，如自主学习、自我发展、自主活动和自我教育等方面还很弱，因此，还需要教师适时地发挥主导作用。教师在课程的组织和实施时，要充分地考虑到幼儿身心发展的规律，适时、适度地去组织各种有利于幼儿学习与发展的活动，引导幼儿在活动中观察、感知、尝试、探索、发现，同时又要以生动和丰富的活动内容去吸引幼儿，使他们更加投入（培养良好的精神状态），逐步形成“参与活动 ⟶ 引起兴趣 ⟶ 主动投入 ⟶ 产生愉悦感 ⟶ 萌发新一轮活动的心理需求 ⟶ 再参与活动 ⟶ ……”的良性循环机制，从而培养幼儿主动认识和利用环境学习和发展的能力，形成主动活动的状态和行为，通过积极主动投入活动后的得益，逐渐累积形成健全的人格，促进身心和谐发展。

共生课程以《指南》为依据，遵循保育和教育相结合的原则，统整幼儿身心发展目标和课程目标、内容，依托对幼儿学习和发展水平的深入了解和对“环境”“一日活动”长期实践后形成共生课程实施模式，以促进每一个幼儿在原有水平上的充分发展。

我们主张共生课程的实施有“环境”和“一日活动”两个途径，环境包含了“班级环境”“公共环境”及“家庭和社区环境”，而一日活动则包含了“生活活动”“学习活动”“自主游戏活动”和“体育活动”四类活动，如下图:

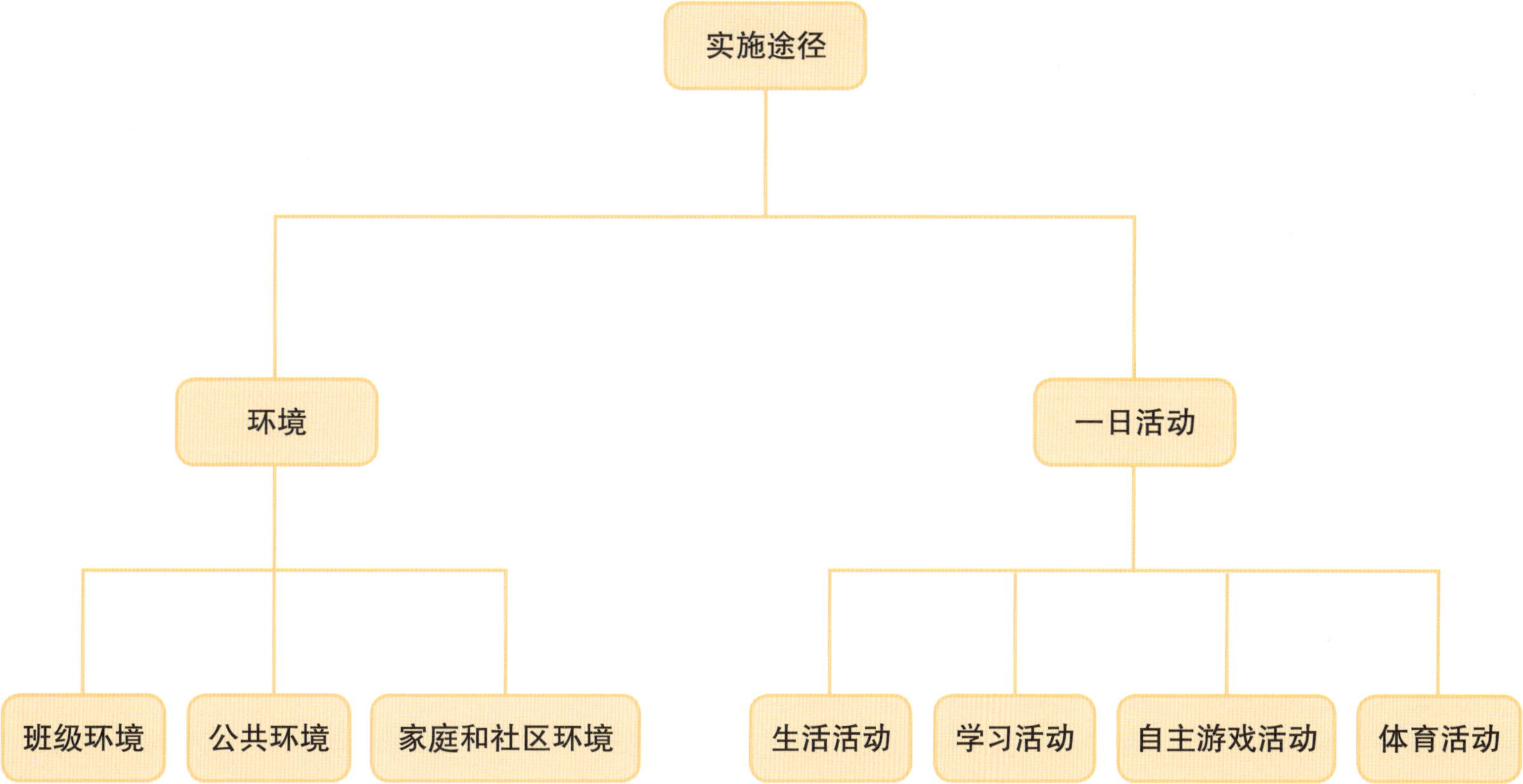

在课程的组织和实施过程中，我们逐渐积累了一些认识，将在接下来的内容中进行探讨。

第一节　环境——充分挖掘隐性教育价值

《指南》中提出“幼儿是在与环境和人的积极互动中获得发展的。适宜的环境对幼儿的学习与发展至关重要，成人要为儿童创设积极的、富有支持性的环境，让幼儿在与环境的积极互动与主动探索中，获得有益的经验”。我们认为环境是共生课程内容和实施的重要部分，环境隐含着丰富的教育内容和机会，对环境所具有的隐性教育价值应予以重视。我们从幼儿的角度出发，把幼儿园的物质环境分为“班级环境”“公共环境”及“家庭和社区环境”。“班级环境”包括幼儿自己班级和同年龄段班级的生活环境和“共享区域”等学习、游戏环境。而班级教室以外的环境，如户外、走廊、功能室等我们统称为“公共环境”。除了幼儿园环境，我们还关注到幼儿的成长与家庭和社区环境息息相关、密不可分。家庭和社区环境也是幼儿成长过程中不可或缺的物质资源，是幼儿幸福生活、社会化的一种存在条件，也是教育资源中重要的一部分。

一、班级环境

我们长期坚持创设的班级环境以支持和满足幼儿的发展需要为前提，将幼儿作为环境的主体，把班级环境看作是支持幼儿学习与生活的重要元素。我们创设的班级环境，一方面要注重发挥生活环境标识的隐性教育作用，保障幼儿活动中的安全性和秩序性；另一方面要注重学习和游戏环境与幼儿的互动，充分考虑各年龄段幼儿的能力和特点，对幼儿产生全面的影响。

（一）发挥生活环境标识的隐性教育作用

在对与一日生活相关的环境标识的探索研究中，我们尝试从幼儿生活中的标识入手，充分发挥标识的提示功能，让幼儿通过自己能读懂的“语言”了解生活环境及要求，建立良好的安全感、秩序感和规律感，让幼儿成为环境的主人，使我们的环境更加体现生活教育化、教育生活化。

在实施过程中我们将与幼儿一日生活相关的标识分为“生活活动标识”“自主学习标识”“安全提示标识”三类。

“生活活动标识”是为生活活动中的入园、盥洗、餐点、饮水、如厕、睡觉等环节创设的指引示意图。我们在生活活动的空间里呈现了图文并茂，并隐含教育智慧和生活习惯、技能、公约等方面的提示。如正确洗手的方法，穿脱衣服的方法，根据尿液的颜色提醒自己喝水，通过观察大便的形状和颜色了解自己的身体现状，撕纸巾的方法，班级公约等，通过这些标识让幼儿受到潜移默化的影响，从而形成良好的生活卫生习惯和行为品质，引发幼儿的自律意识，充分发挥环境的隐性教育价值。

洗手方法提示图

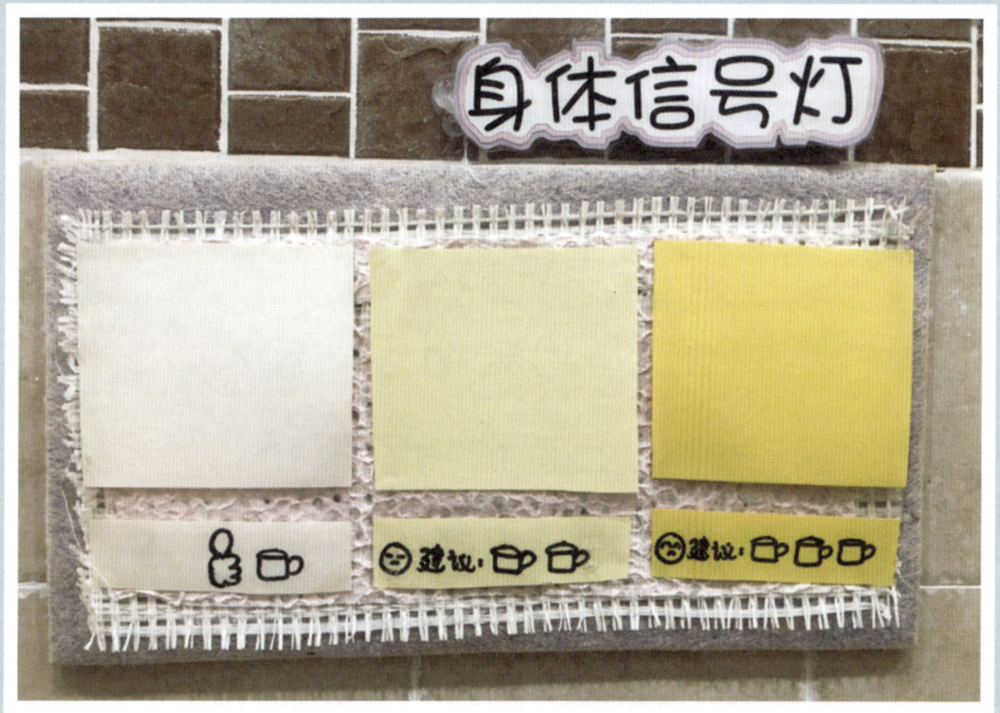

提示幼儿根据尿液的颜色自己判断喝水量是否足够

提示幼儿注意观察大便的形状和颜色了解自己的身体状况

使用纸巾擦屁股方法提示图

班级公约

“自主学习标识”是指在环境中创设各种暗示自我决定、自我选择、自我调控、自我评价反思的指引性、参考性、借鉴性方法的提示和指引标识，支持幼儿与环境的互动以及自主性的学习与发展。“自主学习标识”让幼儿把自己置于自主学习的氛围中，能较好地激活、诱导幼儿学习的积极性，养成良好的学习态度和学习习惯，提高自我管理能力。

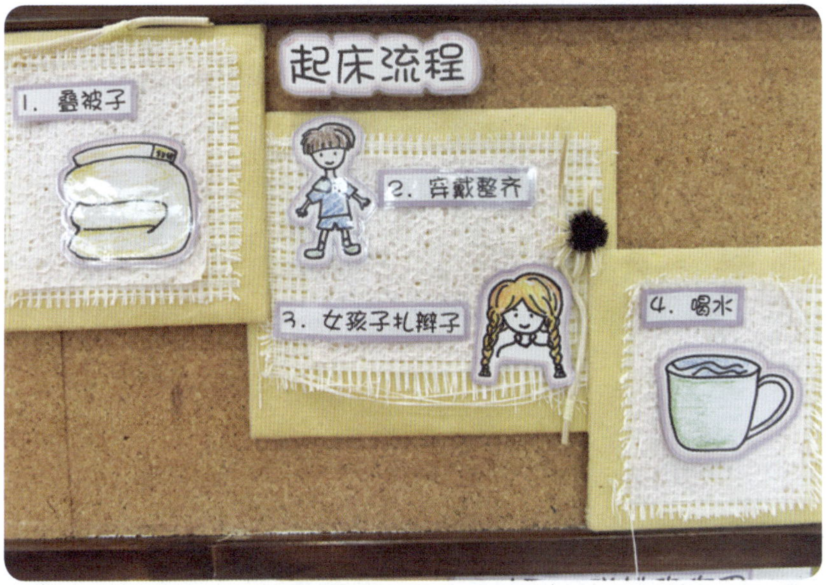

自主管理提示图（一）

自主管理提示图（二）

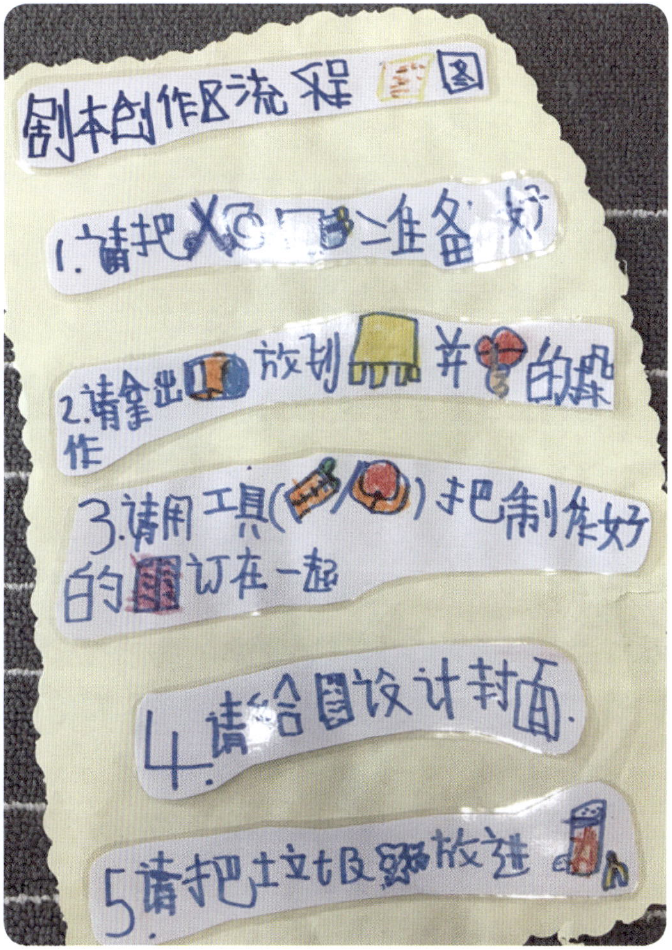

自主操作提示图

“安全提示标识”是指在环境中提供各种安全标识，提示各项活动的具体要求和安全注意事项，帮助幼儿建立良好的生活秩序，培养初步的自我保护意识。

我们巧妙地为幼儿创设一日生活中的各类标识，提供一个有序、科学、合理的环境，从而优化幼儿一日生活，还幼儿一个自主发展的空间，使他们富有个性地健康、和谐发展。

（二）挖掘共享区域环境的教育功能

在对《指南》逐渐深入学习和内化中，我们越来越关注在共享区域创设中挖掘环境蕴含的教育功能。我们认为共享区域的创设应该兼顾各个领域的学习和发展，结合《指南》各年龄段幼儿发展目标和要求，分年龄段进行创设。各年级的共享区域由各个共享的场馆构成，依据幼儿的兴趣、领域、主题、活动类别等进行各场馆规划，墙面和空间的创设支持和满足幼儿自主活动的需要，材料的投放开放、多元，层次分明。在共享区域创设中，我们还关注环境与幼儿的互动，营造一个师幼互动、幼幼互动、环境与幼儿互动的氛围，期望通过良好的互动氛围，潜移默化地对幼儿产生影响。（对共享区域环境的详细了解请关注丛书“实践篇”）

安全提示标识

幼儿自制的安全提示标识

二、公共环境

公共环境虽然对幼儿的教育作用不是直接的，但是它却能给幼儿以潜移默化的影响，为幼儿的健康成长拓展空间，为园所文化的积淀与展示提供平台。我们在创设公共环境时会注意以下四个方面：第一，整体设计、装饰风格、色调、材质统一，富有童趣；第二，实用性与欣赏性有机结合，扩大幼儿的活动空间；第三，设计与装饰中蕴含各种教育信息，发挥公共环境的教育功能；第四，融入园所文化、教育理念、课程特色，提升公共环境的文化内涵。

我们将公共环境分为户外、门厅、走廊、楼梯、功能室等，根据各空间不同的功能、用途进行环境设计。

（一）户外环境

幼儿园户外环境包括室外体育运动区、沙水区、种植园地、角色游戏区、探索区、涂鸦区、建构区等区域。根据各区域功能的不同，科学、合理规划场地，提高场地的使用价值，并提供丰富、富有创意的设备及材料，激发幼儿的游戏及创造欲望。

体育运动区的设计从多功能、多层次以及与民间传统游戏相结合等方面着手，创设多元化体育运动区域。如跳跃区、钻爬区、平衡区、走跑区、投掷区、球类区、娱乐区、综合区等，供不同年龄、不同能力、不同兴趣爱好的幼儿选择。

沙水区是幼儿喜欢的活动场所之一。在创设沙区时既要考虑幼儿活动环境的安全、卫生，在条件允许的情况下，还应尽量扩大沙池、水池的功能，增加滑梯、木质小桥、木桩、轮胎等组合器械或其他设施，提供小铲、小桶、装运工具、木块、塑料动植物、人物造型等辅助材料，以满足幼儿探索和创造的需要。

盛世幼儿园户外喷泉

新亚洲幼儿园户外玩水游戏区一角

梅龙实验幼儿园户外玩沙游戏区

种植园地是幼儿观察、了解各种植物的生长和生活习性，体验劳动的辛苦与快乐，体会动植物与环境和人类的关系的理想场所。种植园地的位置一般向阳，邻近水龙头，便于植物的浇灌和清洁，用木栅栏、小木屋、竹筒等天然材料装饰成原始质朴的风格，使得氛围新鲜有趣、富有情趣。

新亚洲幼儿园的种植园地

梅龙实验幼儿园的种植园地（一）

梅龙实验幼儿园的种植园地（二）

角色游戏区根据户外活动场地大小灵活地规划设计，以开放性空间为主，可用灌木丛、栅栏等进行适当的隔离，考虑良好的遮雨功能。也可以设计部分封闭或半封闭的空间，如童话式小城堡、小木屋、悄悄话小屋、小迷宫等，提供各类角色游戏的材料和道具，以利于幼儿的自主游戏或交往活动。

新亚洲幼儿园户外角色游戏区一角

梅龙实验幼儿园户外角色游戏区一角

总之，在各功能区域场地布置及器械材料的选择上，尽量天然、环保、贴近生活，自然景观设置美观合理，富有层次与变化，游戏设施和器械新颖，具有一定挑战性，有利于支持幼儿的“冒险行为”。

大鹏实验幼儿园门厅一角

（二）门厅环境

门厅是幼儿园教职员工、幼儿、家长以及所有人员的集散地，也是幼儿园的主要通道，一般不摆放物品，注意保持畅通，方便出入。同时门厅也是突显幼儿园特色、文化、审美水平的最佳场所，可设计具有接待休闲功能的区域或角落，带休闲功能的小书吧等。也可布置具有信息沟通、成果展示功能的墙饰或区域，介绍园所文化以及教育理念和教职人员。还可展示幼儿学习成果或生活照片、幼儿园自编的各类教育成果集册等。设计装饰风格尽量温馨简洁，色彩清新明快。

梅龙实验幼儿园门厅一角

（三）走廊环境

走廊是室外和室内场地连接的通道，是幼儿每天都必须接触和经过的场所。作为通道，应考虑安全因素，方便人流的出入和往来。设计和布置时要适度、有整体感，不宜过满、过多、过于零散。走廊通常还具有教育、展示与沟通功能，可以根据幼儿的兴趣和功用装饰出不同主题的内容，如幼儿学习过程与结果的记录、活动计划与内容、园所文化和班级特色、家长联系栏等。

大鹏实验幼儿园休闲角

梅龙实验幼儿园休闲角

幼儿园走廊实景

（四）楼梯环境

楼梯是上下楼的通道。我们通常会在这里悬挂一些装饰物、作品，张贴图画、照片，或者幼儿自制的提示宣传画等，也能向幼儿传递一些安全常识、礼貌教育常识、科普信息、成就感体验等方面的教育信息。考虑到幼儿经过时的安全，楼梯间的装饰内容尽量简洁明了、色彩简单清爽，不过于花哨、复杂。地面或扶手墙面可设置脚印、箭头等指示上下的标识，引导幼儿向上或向下走。

幼儿自制“上下楼梯”提示画

幼儿园楼梯实景

幼儿自制“行人靠右”提示画

（五）功能室环境

功能室是供幼儿自由活动的独立空间，是扩大的活动区域，既是班级区域的延伸，也是对班级区域活动的补充。功能室场地更宽阔，条件更完善，功能更强大，适合开展集中性或专题性的专业活动。一般设有音乐室、美术室、科学室、阅览室等。我们创设的功能室内容丰富、全面，活动设计更加具有操作性，能满足不同年龄段幼儿个别化的活动需求。功能室一般和班级区域活动同时开放，让有特长的教师在功能室内跟孩子们一起活动，更好地满足幼儿活动的需要。

盛世幼儿园美术室

梅龙实验幼儿园美术室

梅龙实验幼儿园图书室

三、家庭和社区环境

家庭和社区是幼儿生活的场所及环境，是幼儿成长过程中非常重要的场所，蕴含着丰富的学习和使用资源。我们认为幼儿园与家庭、幼儿园与社区、家庭与社区之间是相互作用、相互依存的。我们倡导幼儿园、家庭、社区的教育能够优势互补，资源共享。我们协调社区和家庭的关系，统整其中的各项资源，充分利用家庭和社区中的有利教育资源，发挥教育资源的最大功能，形成教育合力，促进幼儿健康全面的发展。

我们一直主张，一个适宜的、有秩序感的、有利于幼儿发展的、从幼儿实际需要出发的环境，会让幼儿获得好的滋养。因此，不管是班级环境还是公共环境在整体考虑与创设中，我们都会特别关注以下概念：

（一）温馨雅致

我们主张，幼儿园的环境应多采用柔和的色调，多运用柔软性的装饰类材料，我们试图营造一个既接近家庭的氛围，又从幼儿的心理健康考虑，让幼儿的生活和学习更加舒适、温馨的环境，让幼儿在这样身心放松、安全的环境中快乐地生活成长。

温馨雅致的班级环境

（二）废旧利用

在幼儿园环境创设过程中，我们鼓励教师尽可能地采用安全环保的材料，如纸皮、报纸、凉席、各种绳子等。我们认为通过激发幼儿和环保材料的互动不仅可以促进创造力和想象力的发展，而且可以在潜移默化中培养和提高幼儿的环保意识，使其逐渐养成循环利用日常废弃物品和材料的习惯。

大量利用废旧材料创设环境

（三）儿童参与

我们倡导幼儿是环境的主体，教师和幼儿共同商议环境的布置和规则的制订。在幼儿园的环境布置中，我们认为设置合适的位置将幼儿的作品进行展示，这样可以促进幼儿参与的积极性和主体性，更好地帮助幼儿建立对幼儿园的归属感。

儿童参与环境布置

（四）解放教师

我们班级里的环境主要以板块式设计为主，板块的设计更好地诠释了我们对环境的认识和理解。运用板块不仅可以更好地呈现幼儿的作品，还可以将教师从反复装饰环境的负担中解放出来，调整教师的作用和定位，引导教师更多地关注幼儿本身。

班级墙面采用板块式设计

根据上述思路创设的环境不仅方便实际操作，对幼儿良好行为、习惯的养成起到了很好的促进作用，更对幼儿进行着渗透性的滋养。

第二节　一日活动——让幼儿在共同活动中成长

共生课程从某种意义上讲就是引领幼儿在共同活动中成长。我们长期坚持倡导“一日活动皆课程”的核心理念，并在此基础上进行深入细致的研究。我们从一日活动安排的合理性着手，关注一日活动各环节内容的科学性和实施的有效性，同时有计划、有步骤地梳理并完善幼儿园的一日活动。

我们共生课程的一日活动主要包括生活活动、学习活动、自主游戏活动和体育活动四大类活动。

一、生活活动

生活活动是指满足幼儿基本生活需要的活动，即一天中和生活有关的安排，包含入园、离园、餐点、饮水、如厕、午睡、转换等环节。这些环节在一天当中所占的时间比例非常高，我们从生活活动中蕴含的教育价值着手，注重生活活动中的养成教育，制订了《实验幼教中心幼儿养成教育细则》，通过专题活动、随机教育、环境滋养、家园共育等不同形式进行培养和训练，在日常生活中对幼儿潜移默化地施加影响。

小班幼儿一日活动流程图

幼儿自主进行水果餐流程提示图

中班幼儿一日作息时间表

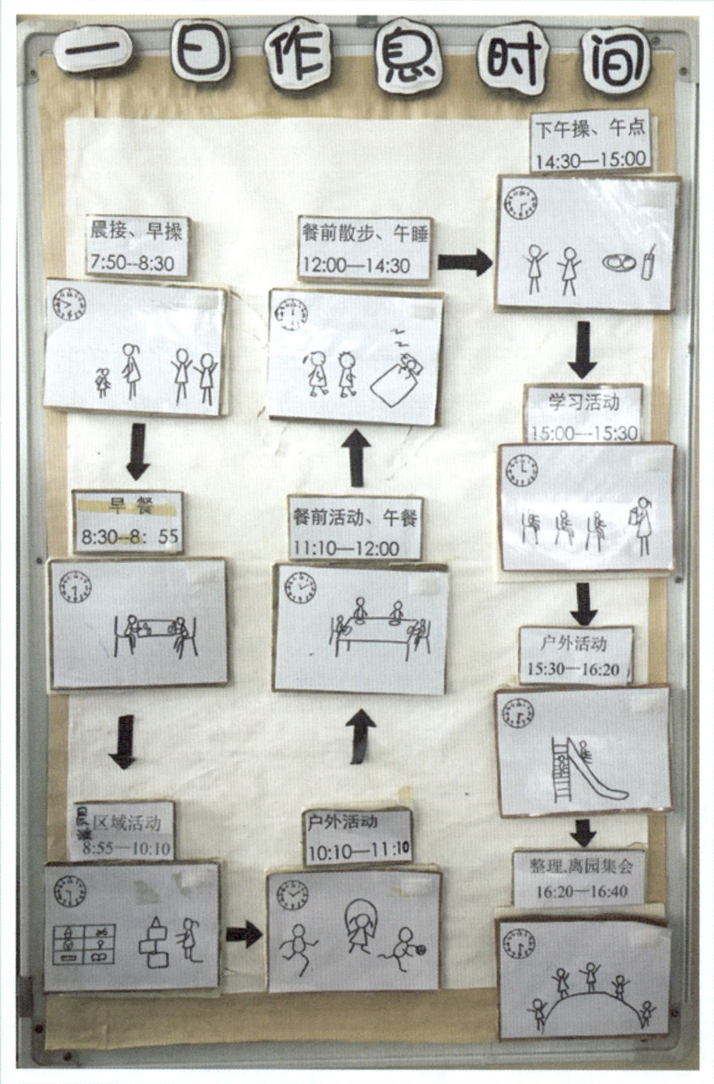

大班幼儿一日作息时间表

《指南》颁布后，我们进一步认识到科学又适宜的生活活动的重要性，重视在生活活动中渗透《指南》的精神，充分将《指南》和幼儿生活活动进行融合，根据一天中各生活环节的安排，梳理出幼儿行为、教师支持性策略，以及提供支持的环境资源，并用图片记录下来，将发展目标自然地融入生活活动的各个环节，梳理出“各年龄段幼儿一日活动学习与发展参照”。下面列举“5～6岁幼儿一日活动学习与发展参照”。

入园

1. 幼儿的行为

（1）准时入园，主动等候接受晨间检查，如身体有不舒服，会告诉保健医生或老师；挂好晨检牌，放好书包等。

（2）主动与老师、同伴问好，开心地与家人道别。

（3）值日生按照每天的轮值表进行值日，如摆凳子、整理课室、挂毛巾、放水杯、浇花等。按提示主动完成相应的工作任务，如按“班级饲养角喂养制度”给小动物喂食，在月天气记录表中记录每天的天气，在温度记录表中记录每天的最高气温和最低气温等。

（4）带齐所需要的生活、学习用品。

（5）照顾班级观察角，按“班级植物照顾制度”照顾植物，并做好植物生长记录。

2. 老师支持性策略

（1）上午主班老师在门口热情接待幼儿和家长，观察幼儿的情绪及健康情况。

* 提示幼儿积极主动配合晨检，引导幼儿当发现自己或同伴身体不舒服时告诉保健医生或老师。

（2）上午配班老师提醒值日生进行值日工作。

* 主动问候幼儿和家长，帮助幼儿养成有礼貌的好习惯。
* 培养幼儿对自己、他人和环境的责任感。

（3）生活老师在幼儿入园前开窗通风，做好卫生清理工作，营造干净、清爽的学习环境。（地面、桌椅、门窗、玩具柜、口杯架、毛巾架等）

3. 可渗透的发展目标

（1）入园时会主动问候，对人有礼貌。

（2）值日生逐步形成为他人服务的意识，对自己负责，对环境负责。

（3）在自我服务中养成细致有序的做事习惯，建立秩序感。

4. 支持性物质环境

（1）入园规则提示。

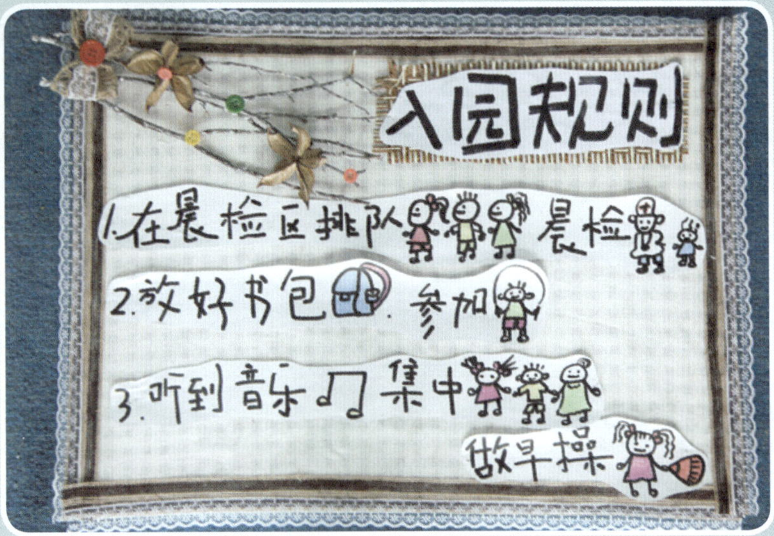

（2）入园晨检区标识、规则提示。

（3）晨检区域指引标识。

（4）值日生轮值表。

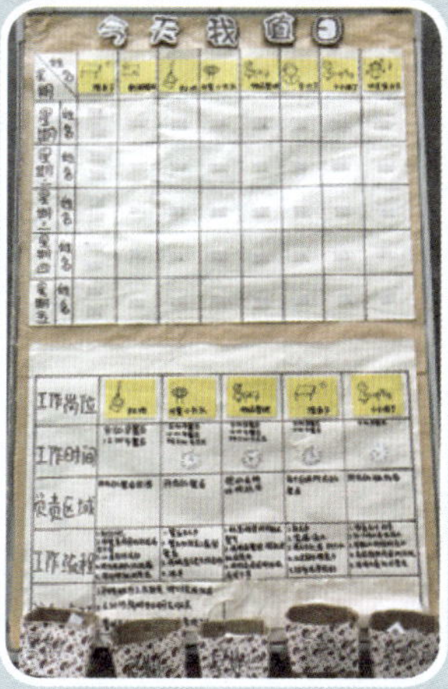

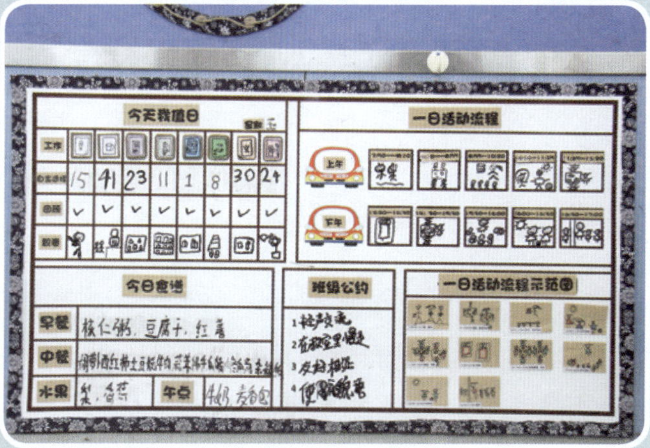

（5）班级种植管理公约。

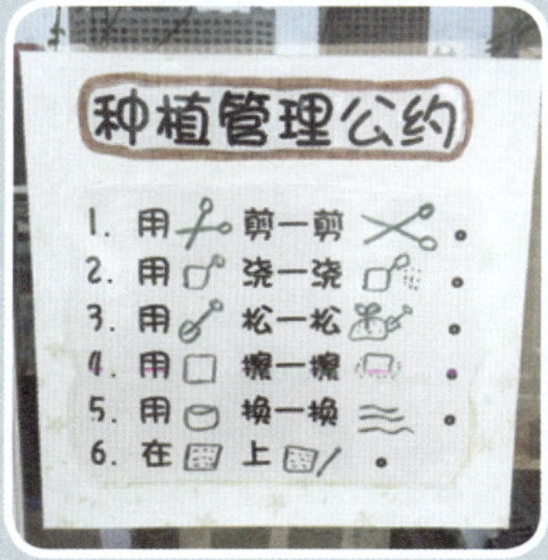

晨　练

1. 幼儿的行为

（1）入园后找到自己班级锻炼的场地，积极参加早锻炼，认真做早操。

（2）活动时不推攘，不在活动场地乱跑或打闹。

（3）早操时做到精神饱满。

2. 教师支持性策略

（1）上午活动前，主班老师要排除活动场地的安全隐患，引导幼儿注意户外安全。

＊ 组织幼儿有序地开展早锻炼活动，并调动幼儿参与活动的积极性，培养坚持运动的好习惯。

（2）上午配班老师将早锻炼器械提前摆放在活动区，并组织幼儿早锻炼。

＊ 督促个别迟来的幼儿参加早锻炼和早操活动。

（3）生活教师清洁、消毒餐桌。

3. 可渗透的发展目标

（1）养成按时积极参加早锻炼和早操的习惯。

（2）能积极参与早锻炼和早操活动。

（3）能在斜坡和有一定间隔物体上较平稳地行走，跑动时能避免给他人造成危险。

（4）遵守早操规则，早操动作协调统一，达到标准，能运用协商、合作的方式与同伴愉快游戏。

（5）促进生长发育和动作的协调性。

4. 支持性物质环境

（1）活动场地的规划图。

（2）晨练器械安排表。

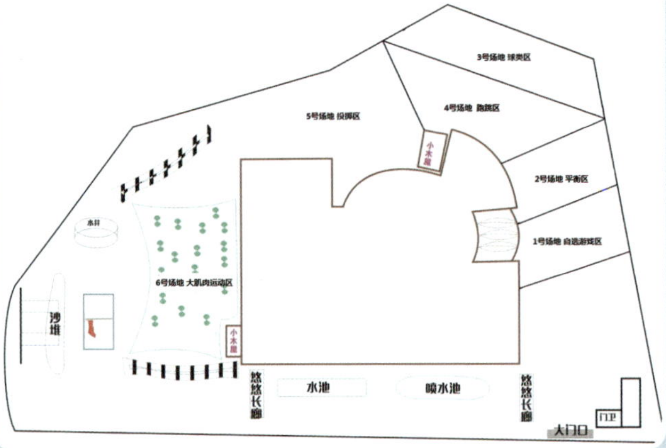

活动场地规划图

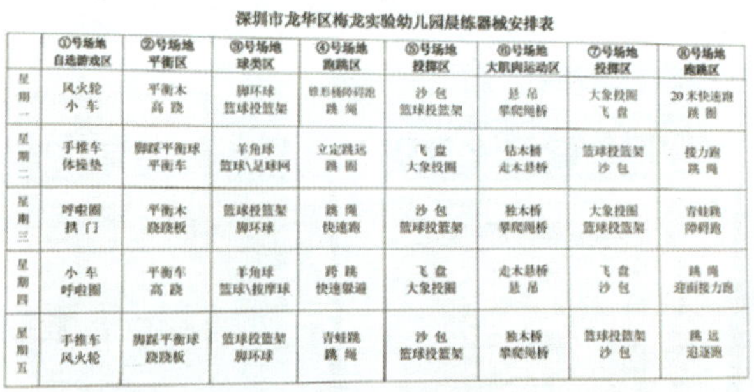

深圳市龙华区梅龙实验幼儿园晨练器械安排表

	①号场地 自选游戏区	②号场地 平衡区	③号场地 球类区	④号场地 跑跳区	⑤号场地 投掷区	⑥号场地 大肌肉运动区	⑦号场地 投掷区	⑧号场地 跑跳区
星期一	风火轮 小车	平衡木 高跷	脚环球 篮球投篮架	锥形桶障碍跑 跳绳	沙包 篮球投篮架	悬吊 攀爬绳桥	大象投圈 飞盘	20米快速跑 跳圈
星期二	手推车 体操垫	脚踩平衡球 平衡车	羊角球 篮球\足球网	立定跳远 跳圈	飞盘 大象投圈	钻木桶 走木悬桥	篮球投篮架 沙包	接力跑 跳绳
星期三	呼啦圈 拱门	平衡木 跷跷板	篮球投篮架 脚环球	跳绳 快速跑	沙包 篮球投篮架	独木桥 攀爬绳桥	大象投圈 篮球投篮架	青蛙跳 障碍跑
星期四	小车 呼啦圈	平衡车 高跷	羊角球 篮球\按摩球	跨跳 快速躲避	飞盘 大象投圈	走木悬桥 悬吊	飞盘 沙包	跳绳 迎面接力跑
星期五	手推车 风火轮	脚踩平衡球 跷跷板	篮球投篮架 脚环球	青蛙跳 跳绳	沙包 篮球投篮架	独木桥 攀爬绳桥	篮球投篮架 沙包	跳远 追逐跑

晨练器械安排表

盥 洗

1. 幼儿的行为

（1）天热时，能主动且独立地擦汗或更换衣物。

（2）能根据需要主动地喝水和上厕所，并能关注和提醒同伴。

（3）根据自己的需要，自主地进行喝水、小便等生活活动。

（4）卷好袖子，按要求洗手，用自己的毛巾擦干水然后坐下准备吃早餐。

2. 教师支持性策略

（1）天热时，上午主班老师组织幼儿擦汗或更换衣物。

＊提示幼儿主动轮流喝水，关注幼儿喝水情况，引导幼儿养成有序喝水的良好习惯。

（2）上午配班老师组织幼儿有序如厕，提醒儿童脱、提裤子和便后擦屁股。

＊观察幼儿洗手等餐前准备状态。

（3）生活教师穿上配餐服，戴上配餐帽，洗干净双手，分发早餐。

3. 可渗透的发展目标

（1）学习自我照顾。

（2）通过生活环节养成秩序感及规则意识。

（3）养成讲卫生的良好习惯，并能够根据自己的需要进行自我服务。

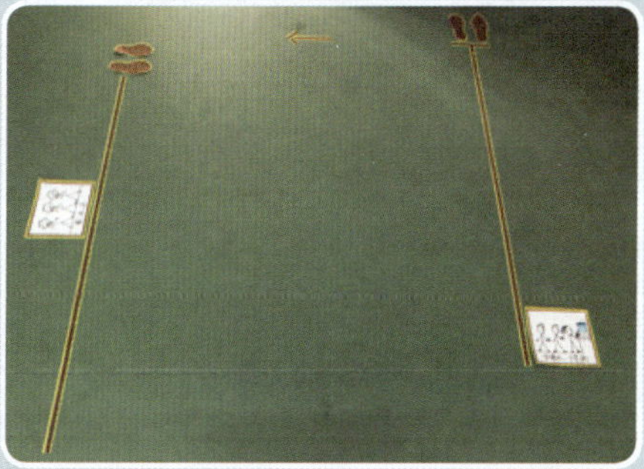

4. 支持性物质环境

（1）不同标记或图案划分出等待区、接水区等。

（2）喝水注意事项提醒。

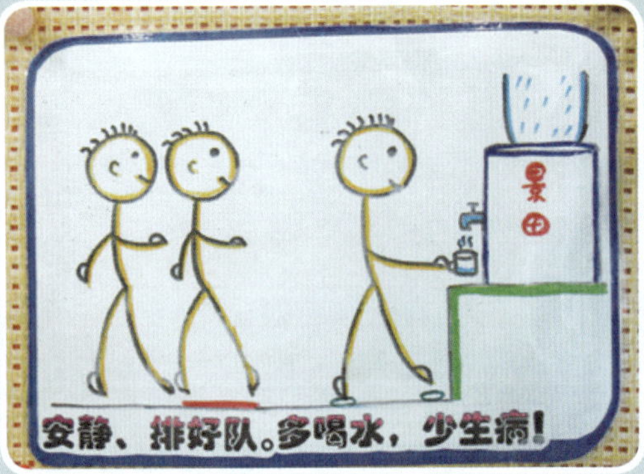

（3）喝水规则、流程。

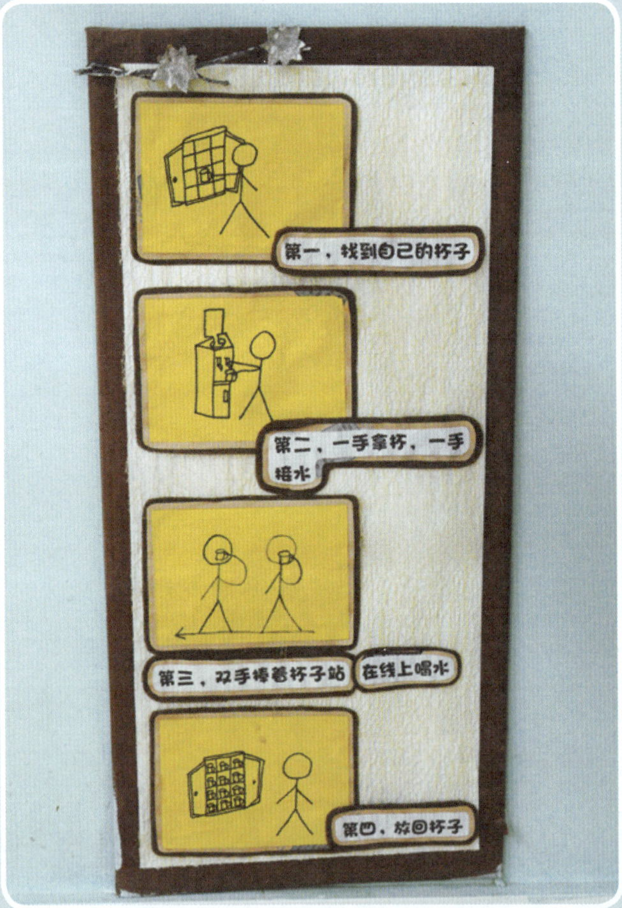

（4）男孩、女孩厕所标识图。

（5）如厕流程提示图。

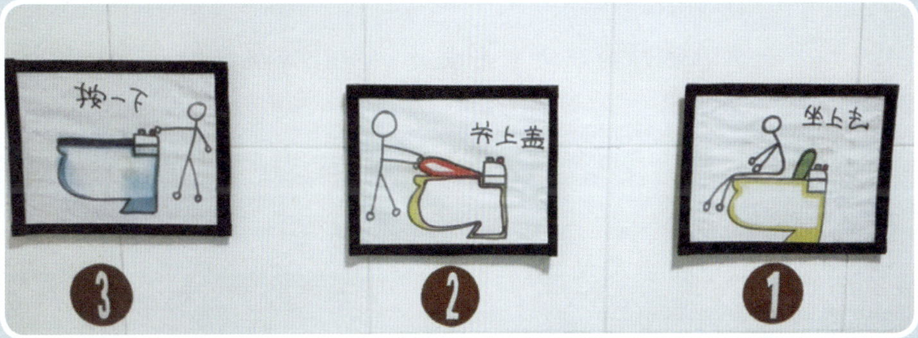

（6）身体健康信号提示。

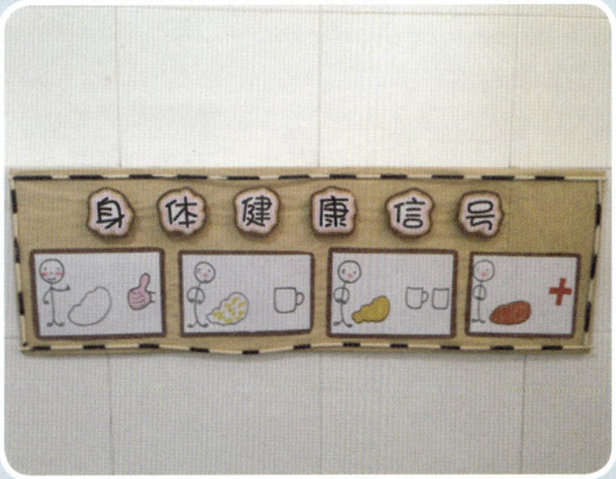

早　餐

1. 幼儿的行为

（1）自主有序地端餐。

（2）保持良好的进餐习惯，坐姿端正，认真安静进餐。

（3）早餐时细嚼慢咽，不发出较大声音，保持桌面、地面干净。

（4）在规定时间内吃完自己的一份，根据需要自己添加。

2. 教师支持性策略

（1）上午主班老师轻声提醒幼儿坐好、安静进餐，引导幼儿养成良好的进餐礼仪和细嚼慢咽的进餐习惯。

（2）上午配班老师播放进餐轻音乐，巡视、观察幼儿进餐情况，在大多数幼儿吃完后，观察幼儿餐后活动。

（3）生活教师注意夏季散热，冬季保温，保证幼儿食物温度适中。

* 督促少数吃得慢的幼儿。
* 帮助幼儿添加餐点。

3. 可渗透的发展目标

（1）遵守进餐规则：轻声细语。

（2）吃东西时，细嚼慢咽。

（3）在整洁、有序的环境中学习进餐礼仪，并慢慢养成良好的进餐习惯。

（4）了解当天食物的一些营养知识，愿意尝试各种食物。

4. 支持性物质环境

（1）食谱。

（2）排队端餐的地标线。

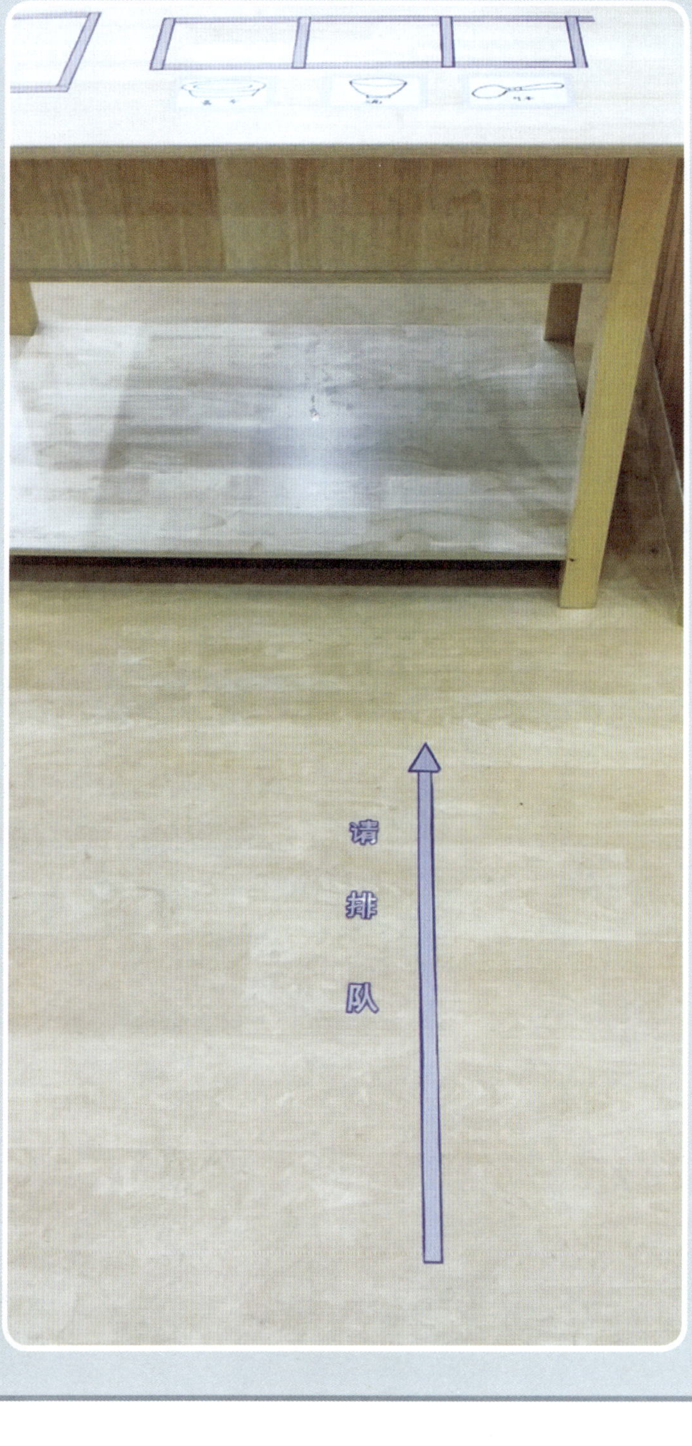

（3）分餐台的标识。

餐后活动

1. 幼儿的行为

（1）餐后擦嘴、漱口等自我服务活动。

（2）餐后自由活动：阅读、个别区域、分享（自由讨论）等。

（3）值日生帮助生活老师收拾、整理餐具和桌面。

（4）活动结束前主动、独立地整理活动材料。

2. 教师支持性策略

（1）上午主班老师全程关注幼儿活动情况，给予适宜的指导和帮助，培养幼儿内在秩序感。

（2）上午配班老师督促幼儿餐后有序地擦嘴、洗手、漱口，养成良好的卫生习惯。

活动结束前指导幼儿收拾活动材料。

（3）生活老师提醒幼儿餐后整理餐具，收拾食物残渣。

* 清洁桌面及地面卫生。
* 清洗擦嘴毛巾等。

3. 可渗透的发展目标

（1）愿意与他人讨论问题，能积极主动地回应别人。

（2）专注、安静地阅读图书，喜欢与他人一起谈论图书故事的有关内容；正确收放图书，养成关注细节的习惯。

（3）能参与劳动，养成对环境的责任感。

（4）养成关心同伴及积极了解班级当日情况的习惯。

4. 支持性物质环境

（1）餐具分类摆放标识。

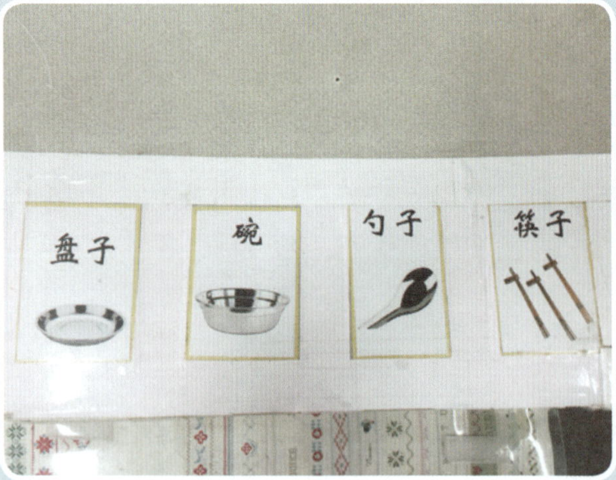

（2）男孩、女孩厕所标识图。

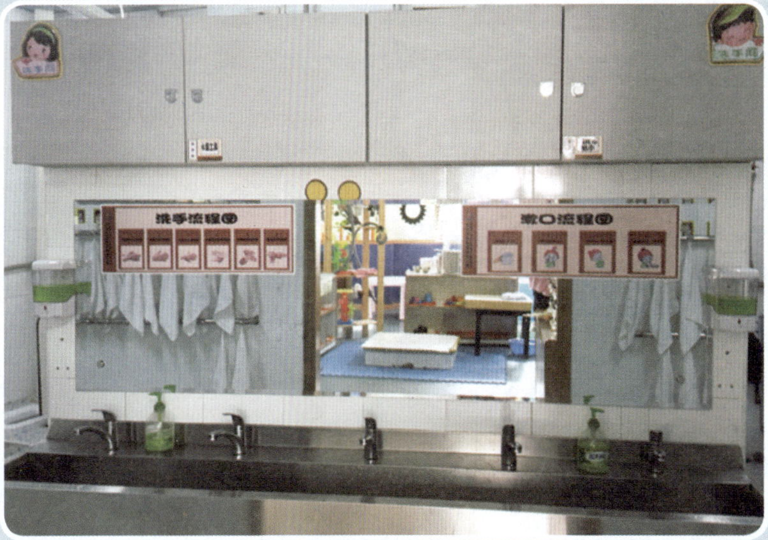

（3）漱口、刷牙流程提示。

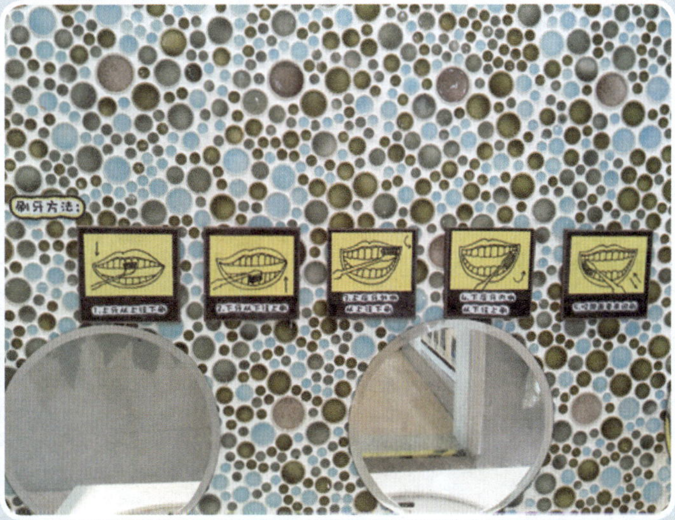

（4）餐后活动指引。

（5）餐后游戏自由活动角。

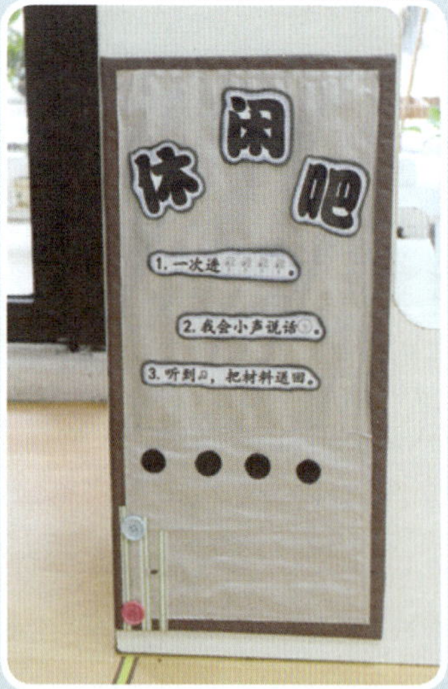

晨 谈

1. 幼儿的行为

（1）听到自己的名字后，能按不同的点名游戏形式如双数、群数、分男孩女孩群数、目测、排除法等，大方参与和回应。

（2）关注同伴出勤的情况，用自己的方式表达对缺勤同伴的关心。

（3）跟同伴一起围绕一个话题进行谈话，充分表达个人见解。

2. 教师支持性策略

（1）根据幼儿的年龄特点、发展水平和兴趣点，组织各种富有创意的点名游戏。

（2）根据幼儿情况阶段性进行调整，采用多种形式进行点名，并引导幼儿关注缺勤的同伴。

（3）选择幼儿感兴趣的近期重要事件或跟生活相关联的事件，作为晨谈的内容或话题。

（4）鼓励幼儿在集体面前大胆、自信地说出自己的想法，主动与教师、同伴交谈。

（5）注重幼儿团队及集体意识的逐步形成。

3. 可渗透的发展目标

（1）能安静、专注地倾听他人的谈话，对不理解的内容会主动提出疑问。

（2）愿意与大家分享高兴的事情，能运用比较生动的语言进行讲述，并能尝试使用常见的形容词、同义词等。

（3）自己的想法和别人不一样、不能接受别人的观点时，会说明自己的想法，并尝试阐述理由。

（4）能结合情景理解一些表示因果、假设等相对复杂的句子。

（5）能了解和遵循基本的交谈规则，提高语言交往水平。

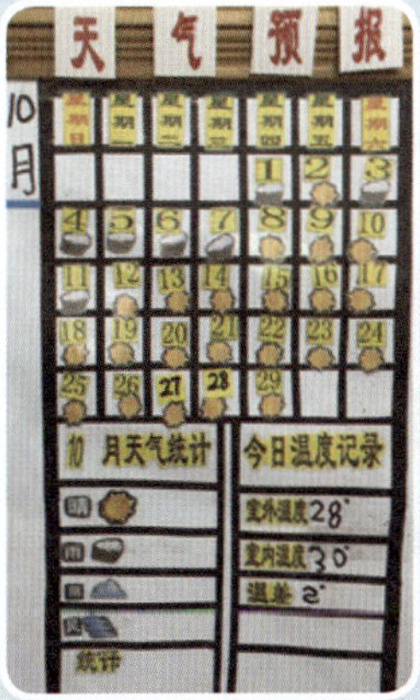

4. 支持性物质环境

（1）日历、天气预报表。

（2）气温对比曲线图、天气情况统计表。

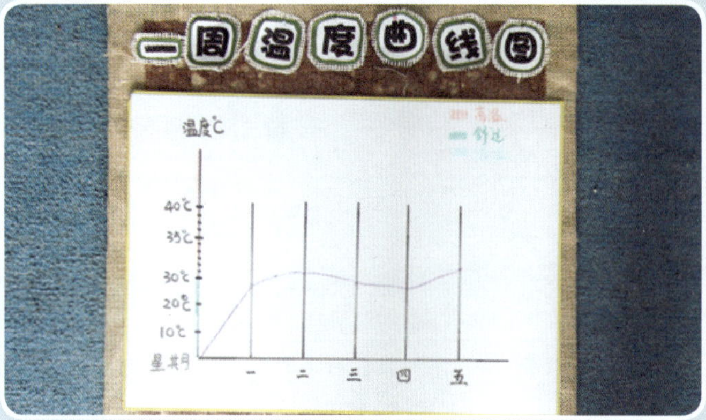

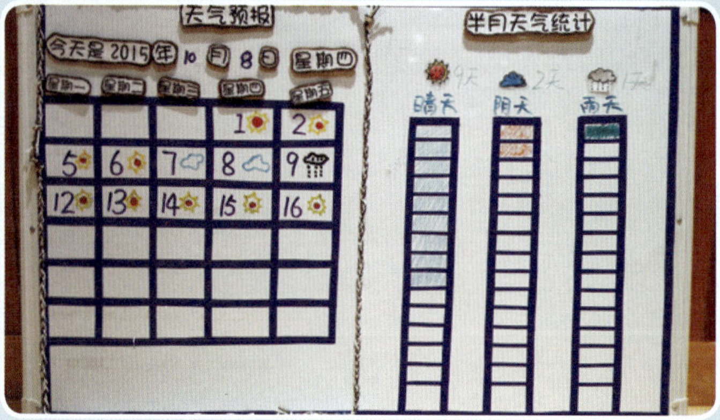

（3）一日生活安排表。

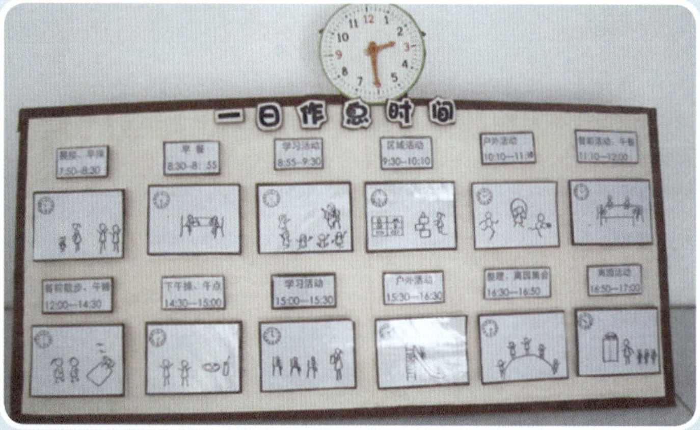

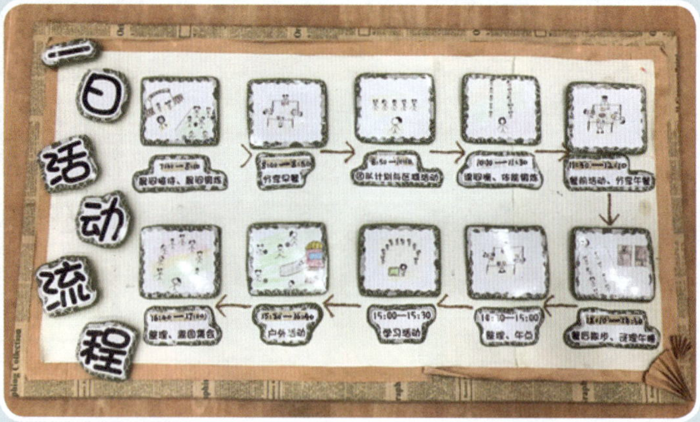

（4）值日生表。

（5）晨谈记录表。

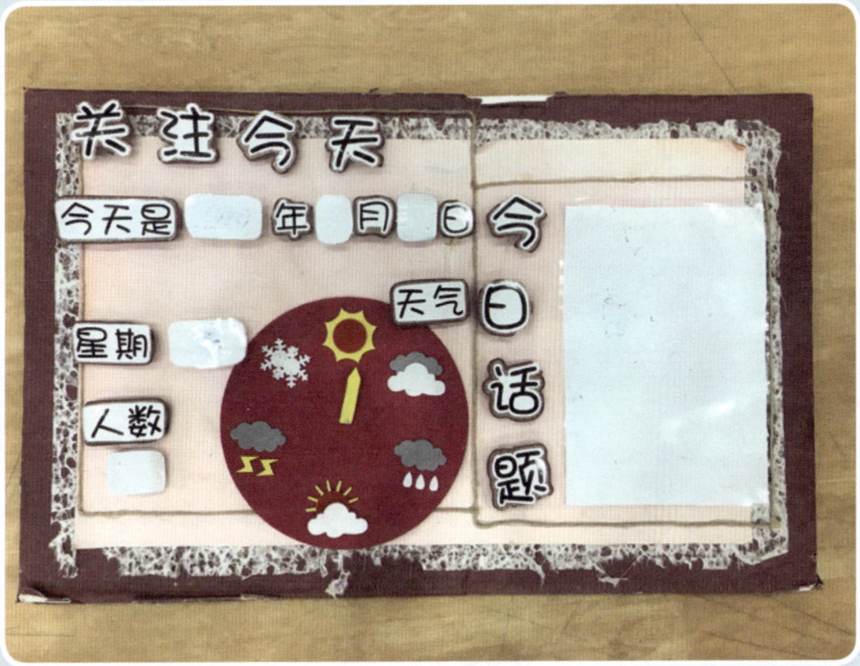

区域活动

1. 幼儿的行为

（1）制订自己的区域活动计划，并主动和同伴分享。

（2）取放好自己的区域活动计划本，按计划有序地进行区域活动。

（3）操作时认真、专注，说话时注意控制自己的音量，不超过音乐的音量。

（4）听到区域活动结束的音乐，尽快跟同伴一起将材料收拾整理好放回原处。

2. 教师支持性策略

（1）关注班级整体的活动秩序，注重对幼儿的观察和引导，并运用拍照、录像、笔记等方式做好记录（指导时注意适时、适度、适当）。

（2）在活动中采用支持、鼓励、启发、引导等正面教育手段，让幼儿在玩中学、学中玩。

（3）提醒幼儿正确取放材料，轻轻地走路，不奔跑，不影响同伴活动。

（4）注重个别教育，针对不同的幼儿，有目的地培养他们独立自主、做事认真、细致、耐心、坚持等良好品质。

3. 可渗透的发展目标

（1）能用绘画、语言表述自己的区域计划，并用简练的语言清晰地做介绍。

（2）能按计划有目的地进行区域游戏活动，培养专注力、观察力、意志力以及做事认真、自主、独立、耐心、坚持的好品质。

（3）在活动中能遵守规则及要求，遇到困难会动脑思考，寻求解决方法。

（4）同伴之间懂得相互谦让、相互合作和相互分享。

（5）写写画画时能保持正确的坐姿和握笔姿势。

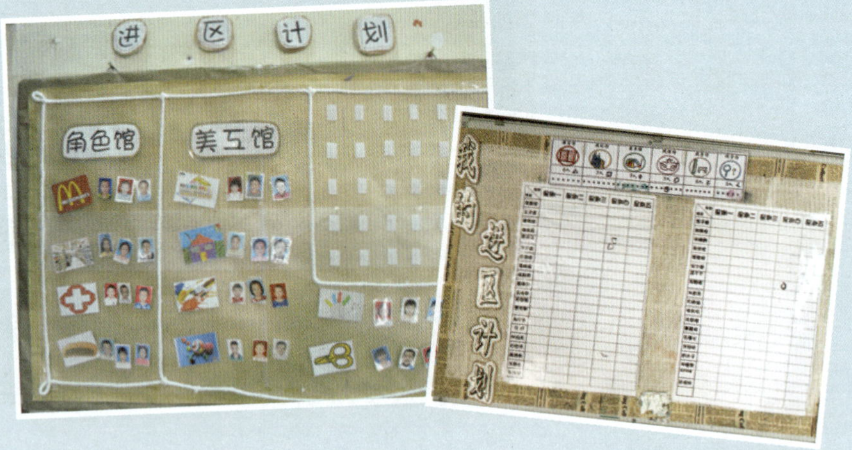

4. 支持性物质环境

（1）区域计划板。

（2）区域环境和材料。

水果餐

1. 幼儿的行为

（1）在区域活动时间自选、自主进餐，使用夹子夹取需要的水果，在“水果用餐区”用餐。

（2）进餐时不发出较大声音，保持桌面、地面干净，进餐后将果皮扔进垃圾桶。

2. 教师支持性策略

（1）上午主班老师注意观察幼儿吃水果的情况，及时纠正不合适的行为，提醒没有进餐的幼儿及时自主进餐。

（2）生活老师将水果洗净、切块、装盘，准备好水果夹、水果碟、水果叉，放置在“水果用餐区”。提醒幼儿用餐结束后自己收拾垃圾，等所有幼儿水果餐完毕，引导值日生一起收拾整理桌面。

3. 可渗透的发展目标

（1）知道各种水果的营养价值和多吃水果的好处。

（2）喜欢吃各种水果，不挑食、不偏食，熟悉多种水果的食用方法。

（3）吃水果之前会主动洗手，吃完水果后能主动收拾果皮，养成讲卫生的好习惯。

（4）在规定的时间内，自己选择和把握进餐时间，自主进餐。

4. 支持性物质环境

（1）水果用餐区标识。

（2）水果餐进餐提示。

（3）食谱。

（4）值日生轮值表。

户外活动

1. 幼儿的行为

（1）排队跟随教师到达指定的地方，上下楼梯不推攘、不打闹。

（2）跟随教师认真做准备活动。

（3）按照教师的要求和提示进行活动，不做危险的动作，不逆行爬滑梯，玩圈时不将跳绳套住脖子，不跑到偏远的地带等。

（4）有事需要离开队伍，要报告教师，获得批准后才能离开队伍。

（5）运动时，根据冷暖情况自己增减衣服。

（6）活动结束前，跟着教师做身体放松运动。

（7）集合时，收拾好器械和玩具，带好自己的衣服及其他物品，排队跟随教师回班里。

2. 教师支持性策略

（1）上午主班老师组织和带领幼儿有序排队、上下楼梯，到达活动场地。

* 运动前组织幼儿做准备活动，提醒幼儿活动中的注意事项和自我保护方法。

* 活动结束，清查人数，发现异常情况，及时报告园领导，请求支援。

（2）上午配班老师整队时站在队中，提醒幼儿跟上队伍。

* 集合时，提醒动作慢的幼儿快速排队。

（3）活动中，三位老师分开站在场地不同位置，密切观察幼儿的活动情况，保证每个幼儿都在视线范围内。

* 鼓励幼儿积极参加体育活动，发展动作的协调性和灵活性。

（4）生活老师准备好所需的体育器械，查看场地及器材的安全性。

* 个别幼儿有需要离开队伍时，跟随照顾。

* 活动结束，提醒和帮助动作慢的幼儿收拾体育器械或玩具，带领值日生清点物品，并整理收拾归位。

3. 可渗透的发展目标

（1）遵守游戏规则，主动参与体育活动，情绪愉快。

（2）知道活动前要做好自身、材料及场地的充分准备，初步具有关注周围环境安全的意识。

（3）掌握多种运动技能，提高动作的协调性和灵活性。

（4）知道大小型器械的正确玩法，爱护器械，不争抢。

（5）了解关于运动健康的基本常识，活动过程中学习根据身体的感受，调节和控制自己的运动量和情绪。

（6）活动中能运用协商、合作、求助等方式，化解矛盾和冲突。

（7）发现自己或同伴有特殊情况及时告诉教师，学习掌握简单的应对危险的技巧和方法。

（8）具有坚强、勇敢、不怕困难的意志品质。

4. 支持性物质环境

（1）活动场地规划图。

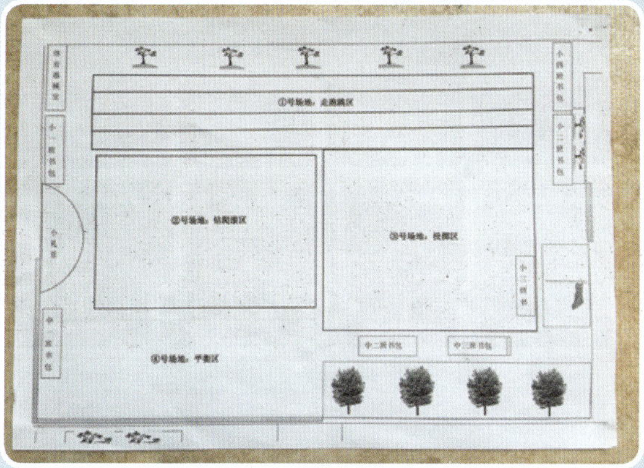

（2）体育器械摆放标识。

（3）排队、上下楼梯等安全提示。

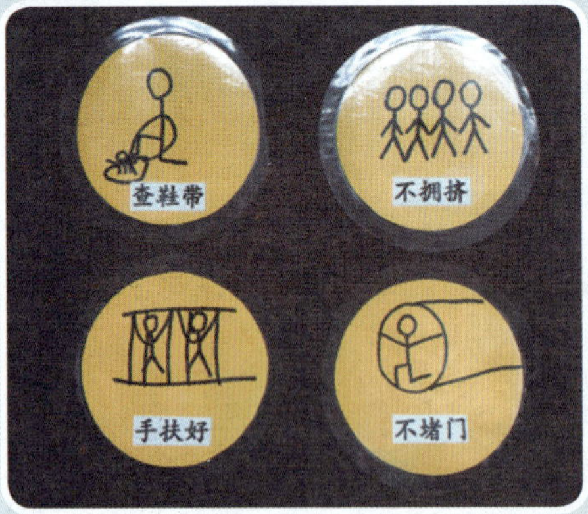

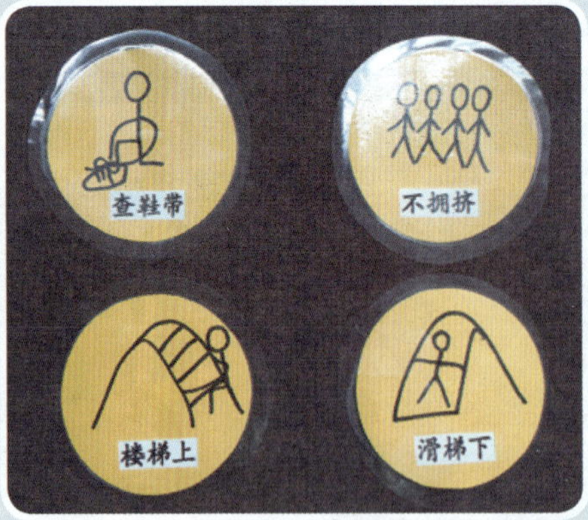

餐前活动

1. 幼儿的行为

（1）更换户外活动中弄湿了的衣服，收拾整理好自己的书包、物品。

（2）在教师的引导下，进行回顾活动，大胆上台与同伴分享和表演。

（3）参与餐前小游戏，如手指游戏、手指律动、新闻播报、小问号等。

（4）如厕盥洗，保持地面清洁，在洗手间不打闹、不喧哗。

（5）值日生配合生活老师分发饭菜。

2. 教师支持性策略

（1）上午主班老师帮助幼儿更换衣服等。

* 引导幼儿开展手指游戏、手指律动、新闻播报、小问号等活动。
* 鼓励值日生用喜欢的方式，向同伴介绍午餐的食物，激发进餐欲望。
* 组织幼儿盥洗等。

（2）上午配班老师帮助主班老师开展餐前游戏、分享活动。

* 帮助组织幼儿盥洗等，帮助幼儿养成良好的个人卫生习惯。

（3）生活老师穿上配餐服，戴上配餐帽，进行餐前消毒及分餐工作。

* 指导值日生分发餐具，摆放整齐，轻拿轻放。
* 取来的饭菜放在餐桌安全处，引导值日生帮助关注并提醒同伴不要靠近，避免发生烫伤。

3. 可渗透的发展目标

（1）具备基本的生活自理能力。

（2）在自我服务中养成做事认真、有序的习惯，逐步建立秩序感。

（3）会主动跟同伴进行分享活动。

4. 支持性物质环境

（1）洗手流程图。

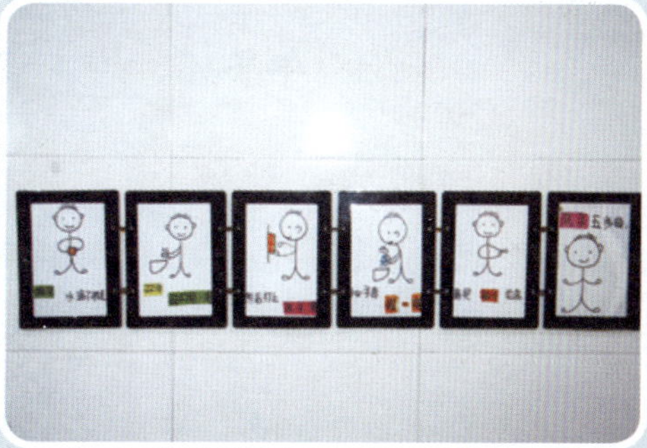

（2）洗手要求提示。

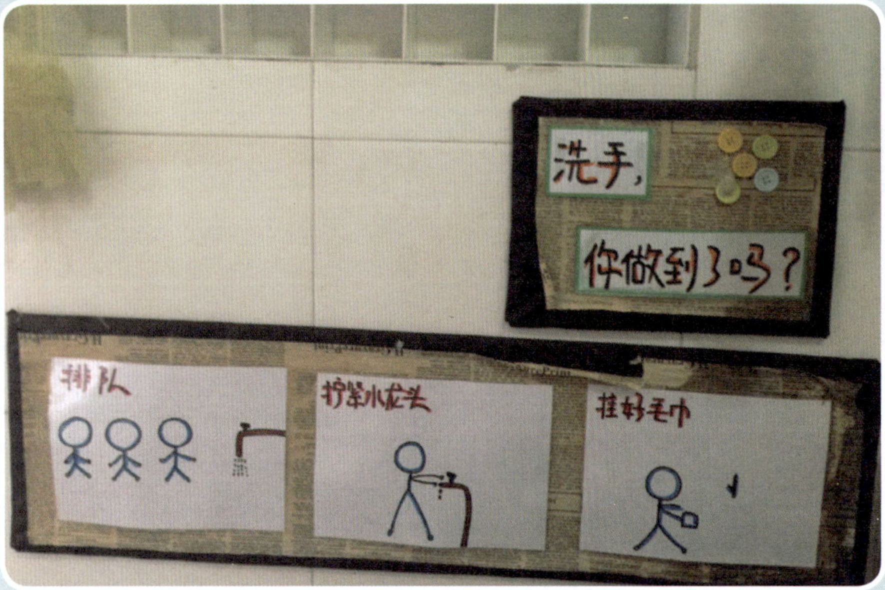

（3）食谱。

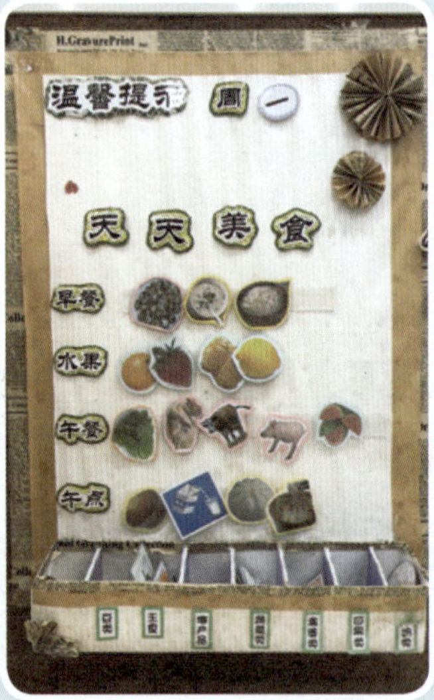

（4）排队端餐标识。

午 餐

1. 幼儿的行为

（1）值日生介绍食谱。

（2）尝试使用筷子进餐，进餐时遵守专心吃饭、不大声说话、不挑食等约定。

（3）餐后将桌面清洗干净，并将餐具送到指定位置。

（4）餐后擦嘴、漱口，不在教室内随意跑动和打闹，以免影响他人。

2. 教师支持性策略

（1）上午主班老师创设良好的用餐氛围，组织幼儿安静进餐，并引导良好的进餐习惯。

* 注意观察幼儿进餐时的卫生习惯和使用餐具、餐巾的方法，引导幼儿饭后擦嘴、漱口的习惯。

（2）上午配班老师播放进餐轻音乐，巡视、观察幼儿进餐情况，在大多数幼儿吃完后，观察幼儿餐后活动。

* 提示幼儿注意桌面整洁，吃完的幼儿清洁自己的桌面。

（3）生活老师注意夏季散热，冬季保温，保证幼儿食物温度适中。

* 关注并鼓励少数吃得慢的幼儿吃完自己的饭菜。

* 帮助幼儿添加饭菜和汤。

3. 可渗透的发展目标

（1）进餐时能熟练使用筷子等餐具，锻炼手指力量及灵活性，养成环保习惯。

（2）不挑食，不偏食，不暴饮暴食。

（3）愿意尝试各种食物，吃东西知道要细嚼慢咽。

（4）学习进餐礼仪，并慢慢地养成良好的进餐习惯和饮食习惯。

（5）在规定时间内吃完自己的饭菜，根据需要自己添加。

4. 支持性物质环境

（1）排队端餐的地标线。

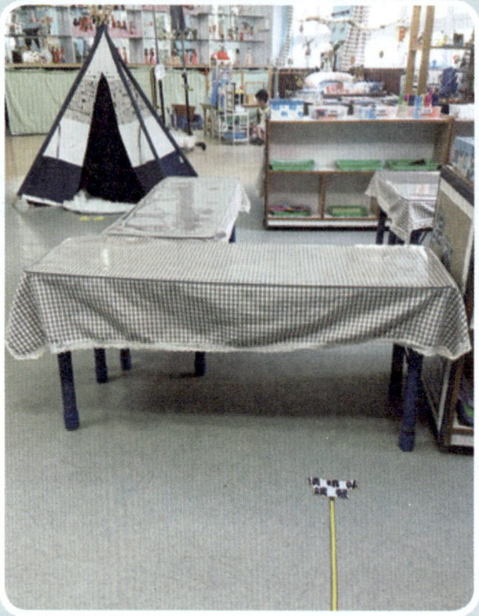

（2）餐具分类摆放标识。

餐后活动

1. 幼儿的行为

（1）餐后自由阅读或自由交谈、分享。

（2）餐后散步，观察植物等。

2. 教师支持性策略

（1）上午主班老师观察幼儿自由阅读、分享自带玩具等情况。

* 大部分幼儿用餐完毕，组织幼儿散步，散步过程中，提示幼儿观察生活中的事物和现象，引导幼儿发现细微的变化。

* 照顾动作慢的幼儿，帮助其穿脱衣服、换鞋等。

（2）上午配班老师提醒进餐慢的幼儿，进餐完毕要擦嘴、漱口，进行自由阅读等活动，等待同伴回班。

* 协助生活教师做好睡前准备。

（3）生活老师带领小值日生一起扫地、拖地，整理、清洁桌面，收拾碗筷等清理工作。

* 摆放好幼儿的午睡床。

3. 可渗透的发展目标

（1）懂得饭后散步时不做剧烈运动有利于消化，并养成好习惯。

（2）有为他人服务的欲望，值日生有一定的责任感，学习基本的服务方法。

4. 支持性物质环境

（1）餐后活动提示。

（2）漱口提示图。

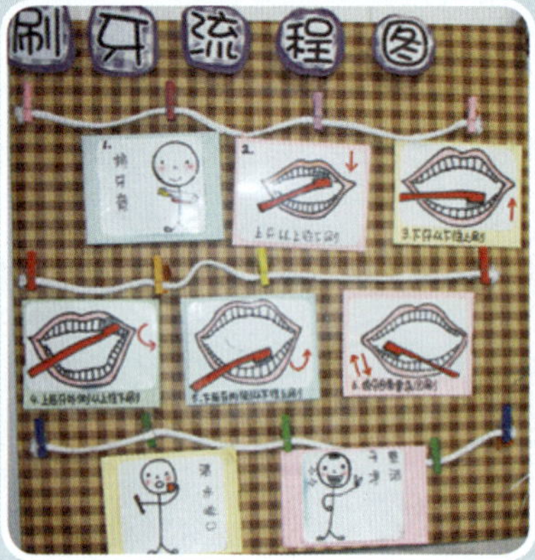

（3）劳动工具摆放标识。

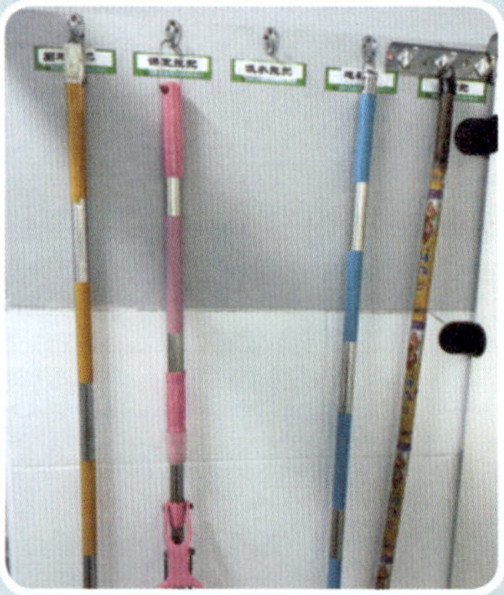

（4）清洁用品摆放标识。

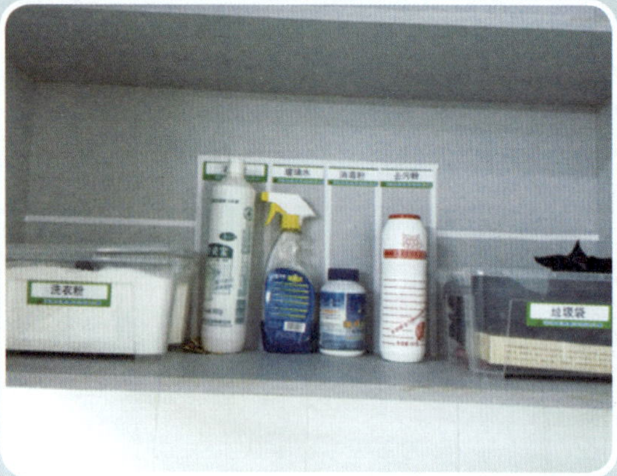

午 睡

1. 幼儿的行为

（1）将凳子摆放到指定位置，换鞋、脱衣服并整理好自己的衣物，准备午睡。

（2）自己整理床上用品，安静入睡。

2. 教师支持性策略

（1）教师轮换班，上午主班老师要交代清楚幼儿情况（特别是个别服药的幼儿，以及有特殊状况的幼儿）。

（2）下午主班老师注意留意当天个别服药幼儿的情况，关注及纠正个别幼儿午睡姿势，培养良好的午睡习惯，促进幼儿的健康及生长发育。

结合午睡，帮助幼儿了解安全常识，提醒幼儿不做危险的事情。

3. 可渗透的发展目标

（1）了解午睡的重要性，能自觉午睡，养成每天按时睡午觉的好习惯。

（2）能在安静欣赏故事（音乐）的过程中平稳情绪，睡姿正确。

（3）午睡前能自我服务，提高生活自理能力，养成做事的条理性。

4. 支持性物质环境

* 凳子、鞋子摆放位置标识。

起床整理

1. 幼儿的行为

（1）起床、整理自己的床铺。

（2）穿衣服，换鞋子，自己系鞋带。

（3）用清水洗脸，喝水。

（4）做午间操。

（5）值日生介绍餐点，参与收床、分餐等工作。

2. 教师支持性策略

（1）下午主班老师指导和帮助幼儿穿衣、穿鞋。

（2）下午配班老师帮助幼儿整理床上用品，和值日生一起收拾好午睡床。

＊帮助女孩子扎头发，和值日生一起协助生活老师分餐等，培养幼儿的责任感，鼓励幼儿跟同伴相互帮助。

（3）生活老师准备午点前的消毒、分餐工作，下午配班老师和值日生协助生活老师做好准备工作。

3. 可渗透的发展目标

（1）尝试自己系鞋带，学习照顾自己，并愿意帮助别人。

（2）锻炼生活自理能力，养成做事的有序性和条理性。

（3）能跟着音乐做律动，喜欢音乐活动并乐于参加。

4. 支持性物质环境

（1）梳子、橡皮筋等。

（2）拖鞋摆放位置标识。

午　点

1. 幼儿的行为

（1）愉快地进餐，吃完自己的一份，根据需要自主添加餐点。

（2）用餐完毕将餐具收拾到指定地方。

（3）餐后自主进行阅读、分享活动。

2. 教师支持性策略

（1）下午主班老师组织进餐的各项工作，并做一些提醒。

* 关注幼儿吃午点情况，提醒幼儿保持良好的进餐及饮食习惯。
* 参与幼儿餐后活动（引导、提醒），加强和注重餐后的观察。

（2）生活老师协助关注幼儿进餐情况，对吃得慢的幼儿给予鼓励和协助。

* 餐后收拾、整理和清洁工作。

3. 可渗透的发展目标

（1）吃东西细嚼慢咽。

（2）遵守用餐规则，轻声细语，不影响他人用餐。

（3）在整洁有序的环境中学习进餐礼仪。

4. 支持性物质环境

（1）食谱。

（2）餐具分类摆放标识。

学习活动

1. 幼儿的行为

（1）小组活动中自主选择小组。

（2）专注认真地参与活动，大胆提出自己的想法。

（3）参加分享、互动活动，大胆发表自己的见解。

2. 教师支持性策略

（1）下午主班老师组织幼儿开展集体或小组形式的学习分享活动，激发幼儿的学习兴趣，注重活动的有效性，使幼儿获得全面和谐的发展。

* 活动中加强注重个性的培养，多鼓励幼儿积极交往，学会独立解决问题。

* 活动时仔细观察，坚持做到及时发现、及时引导、及时解决。

* 激发幼儿的求知欲和学习兴趣，培养幼儿独立自主、细心、专注的良好品质。

（2）下午配班老师在小组活动中，配合主班老师带领一组幼儿开展学习分享活动，注重幼儿的体验和感知。

* 活动结束后，将幼儿送回主班教师的队伍。

3. 可渗透的发展目标

（1）对集体或小组活动有兴趣，有求知欲，能积极参与学习分享活动。

（2）能和教师有效互动，表现出细心、专注等良好品质。

（3）在活动中，愿意接受同伴的意见和建议，了解自己的优点和长处，敢于尝试一定的活动和任务。

（4）通过多种形式的学习分享活动，不断积累、丰富经验。

（5）在群体中能有意识地听取与自己有关的信息，感受不同语气语调表达的不同意思。

4. 支持性物质环境

（1）相应的活动资源、设备等。

（2）操作材料。

户外活动

1. 幼儿的行为

（1）与教师、同伴一起讨论活动时的注意事项，制订游戏规则。

（2）自己检查或跟同伴相互检查，穿戴好便于运动、适合气温的衣服、鞋子，取下头部、服装上的饰物。

（3）在活动中根据天气情况自己增减衣服。

2. 教师支持性策略

（1）下午主班老师选择和设计符合本班幼儿动作发展水平的体能训练活动，引导幼儿在轻松愉快的氛围中充分地活动起来，使其身体各部分得到锻炼。

* 在活动中注意安全教育，随机教给幼儿自我保护的方法，确保幼儿安全。

* 活动中培养幼儿动作的协调性和灵敏性，以及幼儿之间的合作意识。

（2）下午配班老师协助主班教师组织户外活动，注意观察个别幼儿的需要。

* 关注幼儿运动中的安全，随时提示幼儿注意自我保护。

（3）生活老师打扫责任区域内卫生，户外活动结束协助收拾整理体育器械等。

* 检查、收拾整理幼儿的衣物及用品。

3. 可渗透的发展目标

（1）乐于参加体育活动，通过锻炼身体，发展各项体育技能。

（2）运动时能主动躲避危险。

（3）户外活动时能自己根据冷热增减衣服，并通过不断自我服务，建立责任感。

（4）能与同伴友好合作，发展交往能力。

（5）能在教师的提示下，尝试制订活动规则并愿意遵守。

4. 支持性物质环境

* 上下楼梯安全提示及标识。

离园

1. 幼儿的行为

（1）如厕、洗手，用清水洗脸。

（2）按类别收拾、整理好自己的物品。

（3）有序离园。

2. 教师支持性策略

（1）下午主班老师引导幼儿自己整理衣物，背好书包，培养幼儿的生活自理能力及责任感。

* 整理好队伍，检查幼儿物品携带情况，组织幼儿有序离园。

（2）下午配班老师协助主班教师组织离园活动。

* 关注个别幼儿整理物品及排队情况，并及时给予帮助。

（3）生活老师帮助幼儿洗脸，更换及整理衣物。

* 提前在离园等候区内摆放好幼儿座椅。
* 在等候离园时，跟随、照顾个别需要上洗手间的幼儿。

（4）幼儿离园时，班级三位教师跟随到园门口，跟幼儿道别。

3. 可渗透的发展目标

（1）能按类别整理好自己的物品，养成做事有条理的习惯。

（2）通过值日生工作，不断增强责任感，以及为他人服务的意识。

（3）在与教师和同伴的互动中，养成有礼貌的好习惯。

4. 支持性物质环境

（1）接送规则提示。

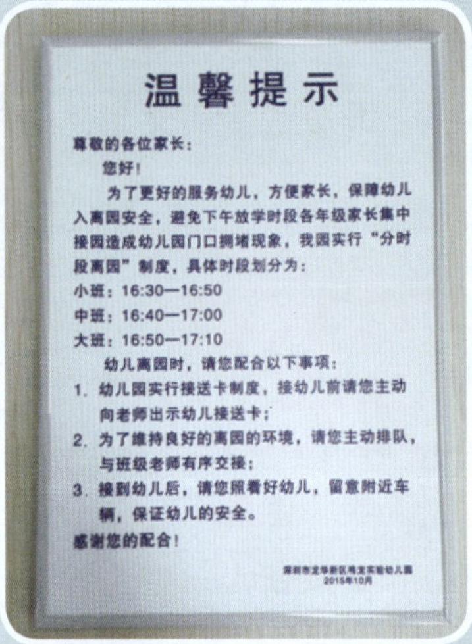

（2）离园等候区。

（3）园门口接送通道指引。

二、学习活动

我们的学习活动是指由教师发起的有组织、有计划的活动。在这类活动中教师通过游戏、谈话、实验、操作、实地参观、听赏、表演等多种方式，引导幼儿通过直接感知、实际操作和亲身体验获取经验。我们的学习活动主要有领域活动、专题探究活动以及节庆、传统活动三种类型，根据具体活动需要选择集体、小组、个别等形式开展。

（一）关注领域活动对幼儿发展的价值

我们对领域活动的理解:

* 领域活动是关注幼儿经验、生活和发展的一个载体。
* 领域活动能最大限度地保持经验、知识的系统性和连贯性。
* 领域活动应强调整合，充分地实现幼儿与生活和经验的综合。
* 教师不过分注重知识的讲解与分析，而是帮助幼儿建立经验和学会迁移。
* 不是单一的内容存在，而是贯穿于一日活动之中、了解幼儿发展水平基础之上。

基于以上理解，我们在领域活动实施过程中，注重考虑各领域学科内在的逻辑性，注意平衡《指南》各领域目标、内容和活动中生成的目标，研究幼儿的需要和学习方式与《指南》精神的贯彻有机结合，将各领域目标、内容渗透在集体、小组、个别以及一日活动环节中进行学习，以使幼儿获得均衡发展。结合五大领域梳理出的“各年龄段幼儿学习活动、内容及支持性策略”，将幼儿的学习与经验的获得渗透在一日活动各环节中。

（二）关注专题探究活动对幼儿经验、能力的建构

《纲要》中明确地指出“幼儿的科学活动应密切联系幼儿的实际生活，教师应充分利用幼儿身边的事物与现象作为科学探索的对象”。因此，我们在研究主题探究活动的基础上，将幼儿自发的探索、操作、学习与其现实生活联系在一起，逐渐将主题探究活动聚拢、取精，围绕幼儿日常生活中感兴趣的事物或现象开展专题实践研究，努力使探究活动源于生活，归于生活，更好地提升幼儿的经验以及探究能力，由此，形成了《实验幼教中心专题探究活动经验集》。

自2008年起，我们参与中央教科所“十一五”规划课题“幼儿科技教育研究”，申报课题“‘十五’科技教育课题研究成果二次开发研究”，并从培养幼儿爱科学、学科学，激发幼儿探索科学活动的兴趣入手，逐步整理和编写出了《实验幼教中心专题探究活动经验集》，推动了园本课程系列活动的开展。

* 紧密联系生活，选题贴近幼儿经验。

教育内容生活化是引发幼儿主动学习和探究的重要前提与条件，我们结合幼儿各年龄段特点，以幼儿的社会生活为基石，挖掘幼儿身边的事和物所蕴含的科技教育价值，研究并形成了《实验幼教中心专题探究活动经

验集》，如小班专题“小手小脚”“男孩女孩”；中班专题“盒子”“瓶子”；大班专题“球”“餐具”等贴近幼儿生活的教育内容不仅让幼儿获得了能真正理解和内化的科学知识，也激发了他们积极主动学习和探究的欲望，进而感受到周围世界的神奇，体验和领悟到科学就在身边，因此使幼儿保持了强烈的好奇心和持久的探究欲望。

* 注重探索操作，做中学获得新经验。

操作是幼儿动手摆弄各种材料反复地进行探索的一种过程，它符合幼儿心理的需要。幼儿园专题探究活动注重让幼儿在探索、操作的过程中，在与材料相互作用的过程中，对某一事物的属性或规律有所体验，从而获得直接的经验。如“球”的专题活动中，幼儿对“球的滚动”“球的重量比较”“球的弹性”“改变球的弹力”“怎样让瘪下去的乒乓球鼓起来”等内容及材料进行探索，幼儿是主动的探索者、研究者和发现者，在探究的过程中，幼儿不仅获取了科学知识经验，更重要的是幼儿的观察、分类、操作、测绘、表达等技能也得到了进一步的提升。

活动中幼儿专注投入

* 运用多种表征，体验科学学习乐趣。

所谓表征活动是指幼儿使用大量的图像和符号来表达自己的记忆、想法、设想和感受，并运用这些图像和符号来与他人进行交流的活动。通过表征记录，幼儿可以巩固在探究过程中获得的知识与经验；通过表征记录，幼儿可以将自己的猜想与操作结果进行对比，以便回顾与总结；通过表征记录，幼儿可以对自己的实验过程加以分析并进行修改；通过表征记录，幼儿可以更加有意识地观察，更认真地思考，使他们通过个人、伙伴、集体等多种方式，将零散的知识经验系统规范化，为最终形成科学的概念、认识科学的规律打下了基础。因此，在各年龄段的专题探究活动中，我们鼓励幼儿大胆地进行表征记录，让他们在自主、轻松和愉快的氛围中真正体验科学学习和探究的乐趣。

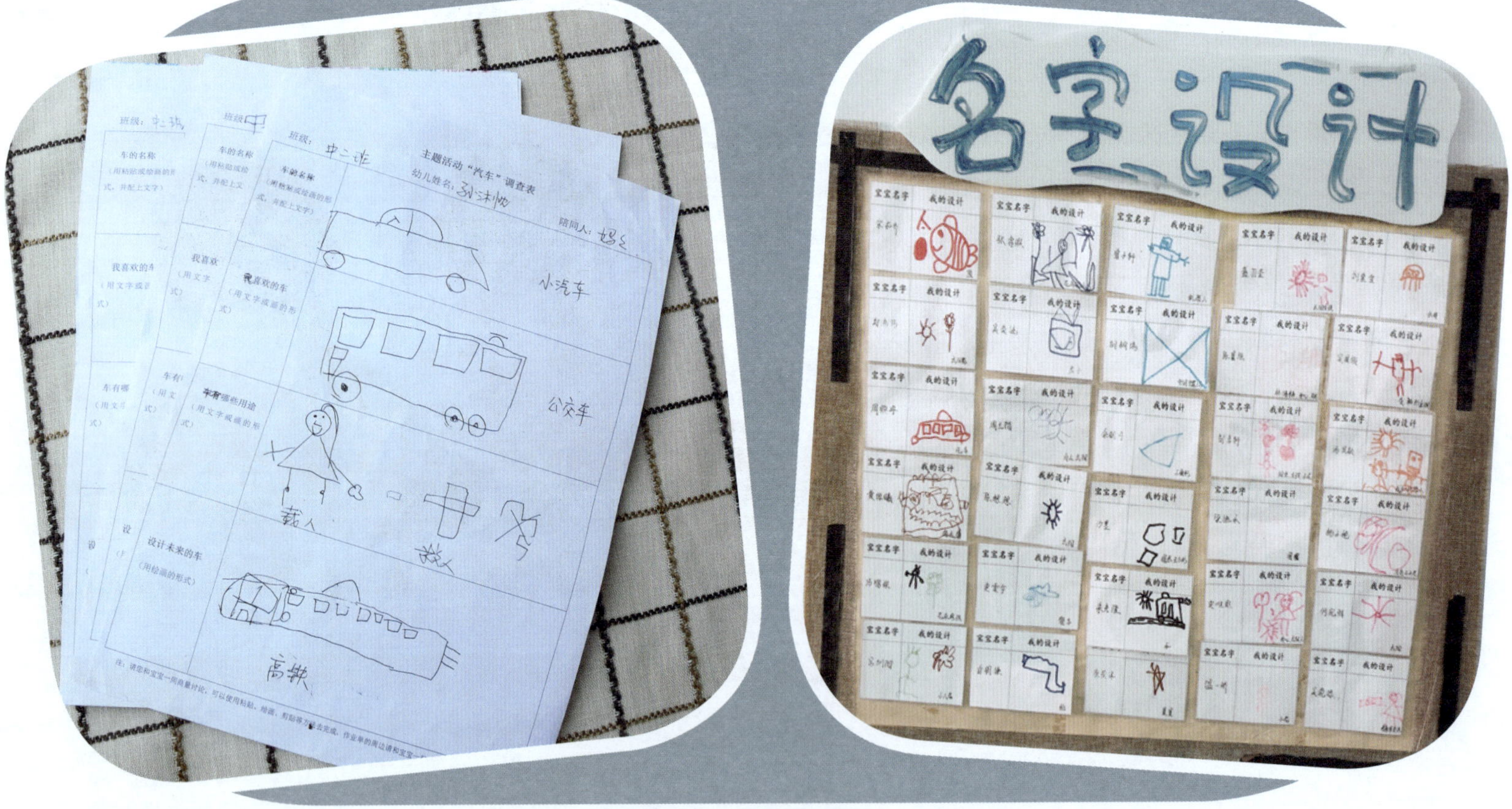

专题探究活动中幼儿的表征记录

近年来，经过幼教中心各园不断整理、补充，我们的专题探究活动已逐步丰富完善。《实验幼教中心专题探究活动经验集》中包含：各年龄段上、下学期可供选择的专题，各专题活动设计参考，图片资料，教学资源包等内容，为教师指导幼儿开展专题探究活动提供参考。

表1 《实验幼教中心专题探究活动经验集》目录

年龄段	上学期	下学期
3～4岁	"水果" "糖果" "小手小脚" "衣服" "颜色"	"毛巾" "袜子" "蛋" "水" "嘴" "电话"
4～5岁	"盒子" "瓶子" "鞋子" "电动玩具" "坚果" "食品"	"磁铁" "有壳的果实" "车" "伞" "蔬菜" "门" "家禽"
5～6岁	"餐具" "民间艺术" "灯" "球" "茶叶" "纸"	"石头" "桥" "管子" "绳" "土壤" "膨胀" "镜子"

（三）关注节庆、传统活动对幼儿社会性发展的重要影响

传承深圳实验学校"活动课程"的精华，我们一直都在完善自己的传统活动以及相关的节庆活动。在活动开展和创新的过程中，我们希望让幼儿在积极健康的人际关系中发展自信和自尊，在良好的环境及文化的熏陶中发展社会情感。

我们的传统活动是周期性的、固定的，即每年同月的同一个周都会进行的活动，而全国性的重大节日和民间传统节日称为节庆活动。各项活动时间跨度有长有短，活动范围大小结合，活动形式多种多样，各学科教学活动穿插其中，形成了"月月有节日，时时传美德，人人受教育"的局面。节庆、传统活动让幼儿接受最为生动的教育，也是实施健全人格教育的最好体现。

表2 系列活动一览表

活动时间	活动内容	活动类型
1月1日前一周至春节	迎新年系列活动	节庆活动
3月5日前后一周	向雷锋、解放军学习系列活动	节庆活动
3月8日前后一周	“三八节”爱妈妈系列活动	节庆活动
3月底至4月初两周	科技节系列活动	传统活动
3月12日前后一周	植树节系列活动	节庆活动
4月5日	清明节纪念活动	节庆活动
5月1日前后	“五一”庆祝活动	节庆活动
5月3日	校庆周年纪念活动	传统活动
5月两周	艺术节系列活动	传统活动
6月1日前	“六一”庆祝活动	节庆活动
9月10日前后一周	教师节庆祝活动	节庆活动
中秋节前后一周	中秋节系列活动	节庆活动
10月1日前两周	国庆节系列活动	节庆活动
11月两周	读书月活动	传统活动
11月一周	秋季社会实践考察活动	传统活动
12月前后两周	体育节系列活动	传统活动

体育节中开心的亲子体育游戏活动

科技节中幼儿在观看航模表演

在课程的组织与实施中的领域活动、专题探究活动还有节庆、传统活动，它们都有各自的侧重点，领域活动注重各领域学科内在的逻辑性，专题探究活动侧重借助某一主题培养学习的专注力和探究能力，节庆、传统活动则更侧重社会性的发展，它们都是共生课程内容不同的组织形式。但是，它们之间又是相互渗透、有机结合的领域活动，节庆、传统活动内容可以通过专题探究活动形式来实施，专题探究活动，节庆、传统活动的每个具体活动，基本可以归纳为某一领域或几个领域的活动，节庆、传统活动可以通过领域或专题探究的形式去实施。因此，在我们研究编制的《幼教中心幼儿学习活动、内容及支持性策略》中，虽然使用了领域的方式进行表达和呈现，但是，组织形式却是根据活动内容灵活、适宜地选择和安排的，有些内容建议通过领域活动的组织方式开展，有些内容建议通过专题探究的形式组织进行，还有些内容建议渗透在节庆、传统活动的系列活动中。三类活动的有机结合，丰富和完善了我们的课程内容组织与实施途径，保障了课程实施的有效性和适宜性。

三、自主游戏活动

我们认为的自主游戏活动是指在游戏情境中，由幼儿自由选择、自主展开、自发交流的积极主动的活动。幼儿出于自发、自愿的需要自由选择游戏的内容、玩法及同伴，幼儿游戏由内部动机引起，因此，在游戏中总是积极主动地参与，表现出极大的主动性。自主游戏活动是一日活动中不可或缺的组成部分。我们提供共享区域活动、户外自发游戏及其他游戏等环境，支持幼儿自主游戏活动的需要。

（一）共享区域活动

共享区域活动是我们的特色游戏活动，我们深刻地认识到游戏对儿童发展的独特价值，在“游戏是幼儿主要的学习活动”等理念的指引下，充分地考虑各年龄段幼儿的能力和特点，逐步推进了共享区域活动的发展。我们的共享区域活动经历了“传统区域活动——年级公共游戏区活动——班级共享游戏区活动——年级组共享区域游戏”等阶段，并对“分班自玩起步期——年级组内轮班期——组内教师轮带期——组内活动共享期”四个实施步骤进行了深入研究。在共享区域游戏活动中，充分尊重游戏对幼儿时期发展的独特价值，实现了资源共享和活动共享，在活动中越来越重视幼儿的自主游戏，把游戏还给幼儿，促进幼儿主动活动，使幼儿获得“完整、全面、平衡”的发展。

在共享区域游戏活动中的幼儿

在对共享区域活动的系统化研究中，我们将《纲要》和《指南》的整体教育观融进共享区域活动的研究中，在共享区域中渗透领域的学习与发展，将共享区域活动与领域活动有机整合，探索两者之间内在联系的契机和关键，将两者在目标的设置、内容的选择、环境的支持、学习材料的提供以及教师的观察指导策略等方面融合，创设一个整体、平衡、适宜的教育平台，对幼儿整体、全面的发展和促进有着积极的影响作用。

（二）户外自发游戏

户外自发游戏是指在户外活动中除了体育活动，不限于运动的、由幼儿自己发起的游戏。我们充分地利用户外场地为幼儿提供丰富的材料和设备，扩宽幼儿共享区域活动的场地和空间，以快乐和满足为目的，支持幼儿在户外进行角色游戏、建构游戏、表演游戏、涂鸦、探索等自发性的游戏活动，更好地满足幼儿的兴趣和需要。

（三）其他游戏

我们的其他自主游戏是指一日活动中一些过渡环节的游戏，如餐前游戏、餐后游戏、自由活动等，这些环节的自主游戏也蕴含了丰富的教育价

幼儿在户外进行滑轮游戏

幼儿在户外进行建构游戏

幼儿在幼儿园大厅进行建构游戏

值，作为一日活动的有机组成部分，我们也努力挖掘它们对幼儿发展的独特价值，尊重幼儿的游戏意愿和选择，让幼儿在自主游戏的过程中学习和发展。

幼儿餐后游戏活动提示图

幼儿在进行餐后游戏

四、体育活动

我们的体育活动既包括教师设计、组织的体育技能的学习及有组织的游戏活动，也包括了体能操节活动，组织形式既有集体、小组活动，也有个别活动。体育活动是体育教学、体育游戏、体能操节三者的有机结合。

（一）体育教学

我们将走、跑、跳、钻、爬这类体育技能学习的体育活动（包含个别化和集体性的），制订清晰的教学目标，教师为实现目标投放特定的运动材料，指导时指向目标中提及的特定的动作技能，在这些动作技能的学习和指导过程中，教师往往关注方法的学习和动作的规范，为幼儿身体、动作的发展奠定基础。

（二）体育游戏

我们的体育游戏既包含了教师组织的游戏，也包括了幼儿自主选择的游戏，具有较大的开放性和自主性。游戏中教师投放各种运动材料，教师组织或通过让幼儿自主选择运动方式，获得力量、耐力、速度、灵敏性等运动素质的发展。在体育游戏中，我们把体育项目和技能的练习转化为游戏，使幼儿运动的兴趣和积极性更高。幼儿还可以按照自己的主观意愿，选择喜欢的方式活动，在体育游戏中教师则更多地观察幼儿表现出的运动水平，尊重他们的意愿并加以引导，以此促进幼儿的体能发展。

（三）体能操节

体能操节是幼儿体育活动组织形式其中的一种，是增强幼儿体质的有效手段。我们关注体能操节编排的科学合理性，以幼儿的兴趣和发展需要为前提，考虑到体能操节与幼儿体能之间的关系等因素，选择的内容往往贴近幼儿的生活，遵循体能操节编排的基本结构和规律，将体能操节分成热身运动、队列变化、基本操节、综合体能和放松运动五个基本环节，并配上幼儿耳熟能详的音乐。根据各年龄段的发展特点，有创意地使用和改造日常生活中的一些废旧物品作为器械，丰富体能操节，体现体能操节的游戏性和趣味性，从而达到通过体能操节锻炼和加强幼儿身体素质的效果。

幼儿体能操——篮球操

幼儿体能操——扇子操

在对以上生活活动、学习活动、自主游戏活动和体育活动四类活动的研究和完善过程中，我们还积累了以下的认识：

* 一日活动各环节中蕴含着丰富的教育价值。

《指南》各领域的目标和一日活动每一个环节中幼儿的生活密切结合，生活中的每一个环节都蕴含着《指南》各领域目标，具有丰富的教育价值。

* 增加幼儿自主活动时间。

在一日活动环节中，我们倡导幼儿的自主安排。例如，每天上午幼儿可以自主计划安排自己的活动。

* 教师主导的学习活动随着幼儿的年龄的增长逐步增加。

在小班阶段，幼儿自主的活动时间比较多，随着幼儿的年龄增长，教师主导的学习活动逐步增加。

研究中我们意识到在一日活动的组织和实施中，不管是生活活动、学习活动、自主游戏活动还是体育活动，都必须结合幼儿及活动的实际需要灵活地实施。我们还意识到各类活动内容要有机结合、自然转换，使它们成为课程实施的一个有机整体，以促使幼儿在整合性的教育空间中获得整体、全面的发展。

当然，走进大自然的观察花草虫鱼等活动，与社区现实生活的有效连接也是我们推进共生课程必要的途径。

参考文献

[1] 樊人利．当前园本课程建设存在的问题及其解决策略[J]．学前教育研究，2015（11）：67-69.

[2] 李禾田．角色教育：一种德育模式[J]．中国教育学刊，1995（03）：13-15.

[3] 李运奎．共生教育理念下的课堂教学研究[D]．桂林：广西师范大学，2011.

[4] 时松．美国高瞻课程对我国幼儿教育改革的启示[J]．新课程研究（下旬刊），2010（12）：36-38.

后记

“共生课程探索与实践丛书”是深圳实验教育机构幼教中心下属各幼儿园对“共生课程”实践探索的总结，也是园本课程实施模式之“共享区域活动”课题研究的成果。

深圳实验教育机构幼教中心自2002年成立以来，从最初承袭深圳实验学校幼儿部的“完整课程”到生成“共生课程”，历时15年。15年里，高瞻课程、发展适宜性实践、皮亚杰的建构主义理论、杜威的生活教育、陈鹤琴的活教育、陶行知的“教学做合一”等教育观念，以及《3—6岁儿童学习与发展指南》的颁布，给我们带来了一轮又一轮的冲击，促使我们在园本课程改革的道路上不断探索、不断创新。特别是近年，幼教中心的共享区域活动研究得到了许多专家以及学前教育研究人员的赞赏，也成为一些同行的效仿对象，他们期待我们能将研究经验结集成册，更好地与大家分享。我们深受鼓舞，更坚定了要全面系统地总结15年来的课程改革历程，编撰共享区域活动等课程研究丛书的想法。这个想法也得到了深圳实验学校袁敬高校长、发展部岑献铭主任的认可，并获得了人力、物力、财力上的大力支持。

2014年本丛书开始了艰难的编撰历程，从开始策划、动笔、编撰、修改到成稿，我们废寝忘食，历时4年。在实践中研究，在研究中成长，我们先后修改了40多稿，终于完稿。值得一提的是，本丛书在编撰的过程中，恰逢广东省教育厅发布了《广东省幼儿园一日活动指引（试行）》（以下简称《指引》），由此，我们在共生课程实施途径一日活动部分的研究中及时地吸纳了《指引》的精神。但是，共生课程作为园本课程，研究仍有局限性，还存在许多问题和不足，我们的课程改革研究还有待继续深化。在未来的实践研究中，我们将会不断地提升认识，生成新的思路和做法，完善已有的实践研究成果，积累新经验，推动共生课程成为开放的课程、动态的课程、不断发展的课程。

本人担任丛书主编，承担了丛书的整体设计、具体指导、文字编撰和修改，以及整体润饰等工作。其中，陈秋云、孙辉辉、程晓璐参与了“综合篇”的编写；程蓉、王媛、陈秋云、方丽红参与了“理论篇”的编写；“实践篇”之“建构馆”主要由程蓉、房淑芬和深圳市龙岗区深圳实验新亚洲幼儿园部分教师参与编写；“实践篇”之“语言馆”主要由孙辉辉、黄寒枝和深圳市罗湖区实验嘉宝田幼儿园部分教师参与编写；“实践篇”之“数学馆”主要由王媛、王珊珊和深圳市龙华区梅龙实验幼儿园部分教师参与编写；“实践篇”之“戏剧馆”主要由陈秋云、方丽红和深圳市罗湖区实验嘉宝田幼儿园部分教师参与编写；“实践篇”之“科学馆”主要由王媛、林丽云和深圳市福田区实验盛世幼儿园部分教师参与编写；“实践篇”之“美工馆”主要由洪美琼、程蓉和深圳市龙岗区深圳实验新亚洲幼儿园部分教师参与编写；“实践篇”之“角色馆”主要由陈秋云、艾佳和深圳市福田区实验盛世幼儿园部分教师参与编写；“实践篇”之“生活馆·烹饪馆”主要由程晓璐、陈晓红、程蓉、黄寒枝和深圳市大鹏新区大鹏实验幼儿园、深圳市龙岗区实验星河时代幼儿园部分教师参与编写。她们花费了大量的时间、精力编撰和整理。丛书中的照片由深圳实验学校中学部信息中心靳军强主任以及各园的教师拍摄与提供。

幼教中心学术顾问、华南师范大学教育科学学院杨宁教授，参与了丛书编写框架的研究及理论部分的修改，并对整套丛书的顺利出版给予了大力支持和帮助。广东省教育研究院的刘景蓉老师、深圳市教育科学研究院的刘华老师对丛书的编写提出了指导及修改意见。在此，对所有参与指导工作的专家、教授、教师们表示衷心感谢！

限于共生课程是一项具有创新色彩的实践探索，也限于主编及作者的水平，书中的观点及做法如有不妥之处，希望得到研究专家、幼教同行和读者的批评指正！

愿本套丛书的出版，能给我们的幼教改革带来一定的启发和思考，能为幼儿园教师的一线工作提供理论和实践的依据，也能为幼儿园教师的专业成长开启智慧之门。

在幼教改革的路上，我们一直在努力！

刘红喜

2017年10月